A. FERRET 1978

L'AMATEUR PHOTOGRAPHE

GUIDE PRATIQUE DE PHOTOGRAPHIE

SUIVI D'UN VOCABULAIRE

DE CHIMIE PHOTOGRAPHIQUE

PAR

CHARLES BRIDE

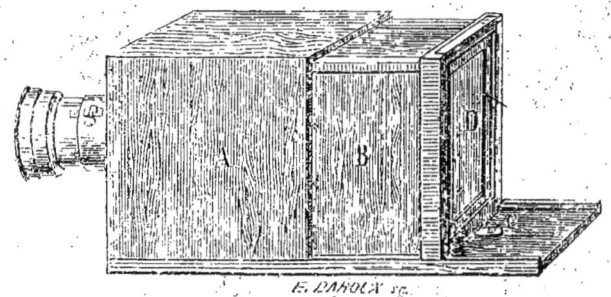

PARIS
LIBRAIRIE LECLÈRE
ACHILLE FAURE, SUCCESSEUR
23, BOULEVARD SAINT-MARTIN
—
1862

L'AMATEUR
PHOTOGRAPHE

L'éditeur se réserve le droit de traduction et de reproduction. En vertu des lois, décrets et traités internationaux, il poursuivra toute contrefaçon, soit du texte, soit des gravures.

Le dépôt légal a été fait à Paris en mars 1862, et toutes les formalités, prescrites par les traités, sont remplies dans les divers États avec lesquels la France a conclu des conventions littéraires.

CORBEIL, TYP. ET STÉR. DE CRETÉ.

L'AMATEUR
PHOTOGRAPHE

GUIDE PRATIQUE DE PHOTOGRAPHIE

contenant :

LES PROCÉDÉS POUR OBTENIR LES IMAGES POSITIVES ET NÉGATIVES
SUR COLLODION, SUR ALBUMINE ET SUR PAPIER,
LES IMAGES STÉRÉOSCOPIQUES ET LES ÉPREUVES AU CHARBON,
LES APPLICATIONS DE LA PHOTOGRAPHIE A LA GRAVURE,
A LA LITHOGRAPHIE ET AU DESSIN SUR BOIS

SUIVI D'UN VOCABULAIRE

DE CHIMIE PHOTOGRAPHIQUE

ET D'UN APPENDICE

Traitant des Épreuves microscopiques et amplifiées

PAR

CHARLES BRIDE

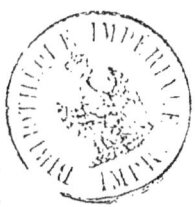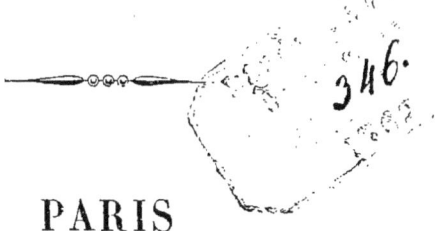

PARIS

LIBRAIRIE LECLÈRE

ACHILLE FAURE, SUCCESSEUR

23, BOULEVARD SAINT-MARTIN

1862

PRÉFACE

PRÉFACE

On a publié un grand nombre d'ouvrages sur la photographie, mais la plupart de ces traités, dont plusieurs ont un mérite réel, semblent s'adresser bien plutôt à des expérimentateurs déjà habiles qu'à des commençants et à des élèves. Nous avons donc cru être utile aux personnes, si nombreuses, qui s'occupent de photographie, en publiant un livre essentiellement pratique, qui dirigera leurs premiers essais.

Notre livre est spécialement destiné aux personnes qui n'ont pas la moindre idée de la photographie; on ne devra donc pas s'étonner d'y trouver des détails, qui paraîtront puérils à un praticien exercé, comme par exemple quand nous décrivons minutieusement, et jusqu'au dernier flacon, le matériel nécessaire pour opérer sans gêne, mais sans luxe. Les élèves qui organiseront un laboratoire, suivant nos conseils, nous sauront gré de leur avoir évité, au moyen de ces détails minutieux, des tâtonnements et des dépenses inutiles.

Les frais d'installation d'un atelier de photographie étant une des causes qui empêchent beaucoup de personnes de s'exercer à la pratique de cet art, notre préoccupation constante, dans les leçons qui font la matière de ce livre, a été de réduire au strict nécessaire les dépenses des amateurs qui voudront bien suivre nos avis.

Nous n'avons pas craint de décrire longuement les plus petites manipulations, afin de pouvoir assurer une réussite complète, sans le secours d'un professeur, aux élèves qui suivront rigoureusement nos conseils. Quand nous indiquons une précaution à prendre, nous ajoutons, par une note au bas de la page, les conséquences qui peuvent résulter de l'inobservation de nos prescriptions.

Nous ne donnons toujours qu'une formule pour chaque manipulation, étant d'avis qu'on ne doit rien laisser à l'initiative des commençants, afin de leur rendre toute hésitation impossible.

Les formules que nous donnons sont celles auxquelles nous nous sommes arrêté, après en avoir essayé une grande quantité d'autres; elles sont très-simples et nous réussissent toujours.

Le but de cet ouvrage est d'éviter aux commençants les pertes de temps et d'argent que nous avons éprouvées nous-même, et de leur faire obtenir, en peu de temps, des résultats satisfaisants.

Toute notre organisation, toutes nos formules sont basées pour opérer sur une grandeur unique, la demi-plaque (18 centimètres sur 13); c'est celle qui est généralement adoptée par les amateurs. Nous engageons les élèves à commencer par le procédé au collodion, comme étant le plus simple et le plus sûr; aussi l'avons-nous décrit avec beaucoup de détails. L'étude sérieuse de ce procédé favorise singulièrement celle de tous les autres.

Nous avons ensuite décrit les autres procédés, notamment les procédés au charbon, et nous avons passé en revue les divers problèmes photographiques qui ne sont pas encore complétement résolus, tels que les applications de la photographie à la gravure, à la lithographie, etc.

Il est indispensable, même pour le photographe amateur, d'avoir des notions chimiques élémentaires sur les corps qu'il est appelé à employer, dans le cours de ses opérations; nous avons donc donné, dans un

PRÉFACE.

vocabulaire spécial de chimie photographique, la description et la nature de tous les corps cités dans cet ouvrage, avec les moyens de les obtenir et de s'assurer de leur pureté.

Enfin, comme on s'est beaucoup occupé, dans ces derniers temps, des portraits photographiques *grandeur naturelle*, et aussi des épreuves microscopiques, invisibles à l'œil nu, qui, sous les dimensions d'une tête d'épingle, permettent de réunir plusieurs personnages, nous avons cru être agréables à nos lecteurs, en leur indiquant les moyens de les obtenir; nous avons donc traité, dans un chapitre spécial, rejeté en forme d'appendice à la fin de notre livre, la question des épreuves microscopiques et des épreuves amplifiées.

CHAPITRE I

ORGANISATION D'UN ATELIER.

CHAPITRE I

ORGANISATION D'UN ATELIER

Certaines opérations photographiques doivent se faire dans l'obscurité; d'autres au contraire exigent une belle lumière.

Il est donc de toute nécessité d'avoir un cabinet obscur et une pièce très-éclairée.

On ne peut guère reproduire dans une pièce même très-éclairée que des objets inanimés et d'une couleur claire.

Pour les portraits, les photographes de profession, qui travaillent en tout temps, ont une terrasse vitrée; mais l'amateur, qui n'opère guère que dans la belle saison, peut se contenter d'un balcon ou d'une cour.

Pour la pièce obscure, si l'on peut se réserver dans l'appartement un petit cabinet, on collera sur les carreaux de la fenêtre plusieurs doubles feuilles de papier, de manière à intercepter complétement les rayons lumineux. Si la fermeture de la porte n'était pas bien hermétique, on y remédierait en y clouant des bourrelets.

Dans le cas où on n'aurait pas de cabinet, on pourra en organiser un dans l'angle d'une pièce quelconque.

Le plus simple à cet effet est de faire faire, au moyen de châssis en bois, une espèce d'armoire fermée par une porte munie d'une petite serrure dite bec-de-cane. Des toiles sont clouées sur ces châssis, et on y colle du papier épais.

Toutes les ouvertures doivent être soigneusement bouchées, de sorte que, étant enfermé dans ce cabinet, on n'y aperçoive absolument aucun jour [1].

Le cabinet ainsi disposé doit avoir au moins $1^m,20$ sur chaque face. La hauteur en est réglée par celle de l'appartement.

On y établit à 75 centimètres du sol une planche horizontale pour servir de table (*fig.* 1).

---

[1] Si le moindre jour pénètre dans le cabinet obscur, on aura continuellement des taches sur les épreuves.

Il est bon d'avoir une autre planche de 10 centimètres de large au-dessus et à 30 centimètres de la première, pour placer certains flacons renfermant des produits qui doivent être conservés dans l'obscurité, et pour servir de débarras pendant les opérations.

Dans la pièce éclairée et dans le voisinage de la chambre obscure, on établit une étagère (*fig.* 1),

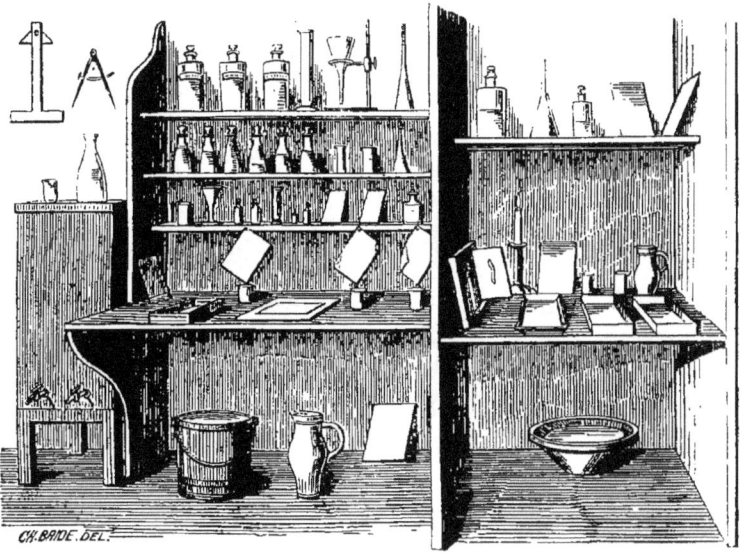

Fig. 1.

dont la tablette inférieure a 40 centimètres de large et peut servir de table. La longueur des planches est déterminée par la place dont on peut disposer, mais elle ne doit pas être moindre de 1 mètre. Cette étagère sert à placer les flacons, cuvettes, entonnoirs, etc., qui forment le matériel du photographe.

Il est bien entendu que les dimensions que nous donnons sont réduites le plus possible, et que nous nous adressons au simple amateur qui ne veut pas avoir un local spécial pour faire de la photographie. Si on peut augmenter les dimensions du cabinet obscur, cela n'en serait que mieux ; mais nous pouvons assurer que l'on peut, installé ainsi que nous venons de l'indiquer, parfaitement opérer sur demi-plaque (18 centimètres sur 13).

Nous donnons (*fig.* 1) une vue de l'organisation de notre atelier ; à droite est le cabinet obscur, et à gauche se trouve l'étagère. La porte du cabinet a été supprimée, pour en laisser voir l'intérieur.

CHAPITRE II

MATÉRIEL PHOTOGRAPHIQUE.

CHAPITRE II

MATÉRIEL PHOTOGRAPHIQUE.

Objectifs.

Les images photographiques sont produites dans un instrument que l'on nomme *appareil*.

L'appareil se divise en deux parties : l'objectif et la chambre noire.

On distingue deux sortes d'objectifs : l'objectif simple et l'objectif à verres combinés.

L'objectif est l'âme de la photographie ; sans objectif parfait il est impossible d'obtenir de belles épreuves, quelle que soit l'habileté de l'opérateur.

On devra donc s'adresser à une maison de confiance pour l'achat de cet instrument, et ne pas trop s'arrêter à des considérations de prix. Cette dépense, une fois faite, est une de celles dont on se félicite plus tard.

L'objectif simple (*fig.* 2) est formé d'un tube A dans lequel se trouve enchâssée une lentille convexe et qui entre à frottement dans un autre tube B portant un disque C par lequel il est fixé sur la chambre noire au moyen de plusieurs vis.

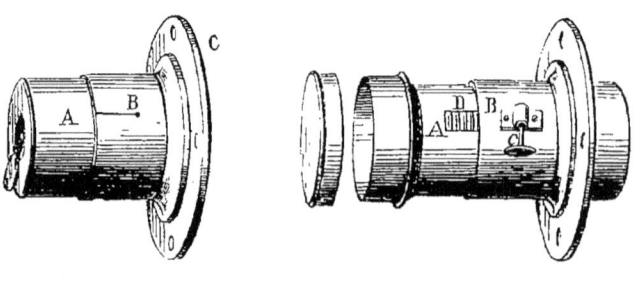

Fig. 2.   Fig. 3.

L'objectif à verres combinés (*fig.* 3) se distingue du précédent en ce qu'il est formé par deux lentilles montées dans le même tube A, qui fonctionne dans le tube B au moyen du bouton C et de la crémaillère D.

L'objectif simple est plus lent que l'objectif à verres combinés, mais il donne plus de finesse aux épreuves, ce qui le fait adopter pour les vues ; pour les portraits, comme on doit opérer très-vite afin d'éviter la fatigue au modèle, on emploie l'objectif à verres combinés.

Chambre noire.

La chambre noire (*fig.* 4) est composée de deux boîtes en noyer entrant l'une dans l'autre. Sur la première A est fixé l'objectif; la seconde B glisse dans la première et est maintenue dans la position donnée par la vis C.

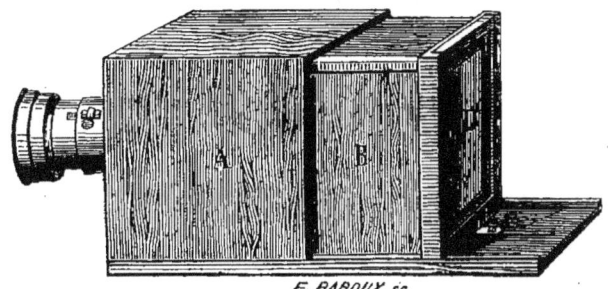

Fig. 4.

Cette seconde boîte B porte à sa partie antérieure une rainure dans laquelle s'engage le verre dépoli D qui peut s'enlever à volonté et être remplacé par le châssis (*fig.* 5 et 6), dans lequel est placée la plaque destinée à recevoir l'image.

On donne le nom d'appareil à l'ensemble de l'objectif et de la chambre noire.

Quand l'appareil est placé en face de l'objet à reproduire, l'image de cet objet est réfléchie sur le verre dépoli, où elle se dessine en petit et renversée. Cette image n'est bien visible qu'à la condition que le verre dépoli soit dans l'obscurité; pour cela l'opérateur entoure d'une toile épaisse sa tête et le verre dépoli.

En avançant ou reculant la partie B de la chambre noire et par suite le verre dépoli, on trouve aisément la position que l'on doit lui donner pour obtenir le maximum de netteté de l'image. On serre alors la vis C; cette opération se nomme *mise au point*.

Quand on achète un objectif, on doit choisir celui qui donne les images les plus nettes sur le verre dépoli; un bon objectif donne des images aussi pures sur les bords qu'au milieu.

L'objet de la photographie est de fixer ces images fugitives d'une manière durable.

C'est dans le châssis (*fig.* 5 et 6), que l'on place la plaque qui doit recevoir l'image.

Il se compose d'un cadre rectangulaire *abcd*, muni d'un côté d'une porte A et de l'autre d'un rideau B, glissant dans des rainures. La plaque sensible C se place comme il est indiqué (*fig.* 5), et la porte A étant fermée, le ressort D appuie doucement dessus de manière à la maintenir dans une position absolument fixe.

Le châssis est construit de telle sorte que lorsqu'il remplace, dans la chambre noire, le verre dépoli, la

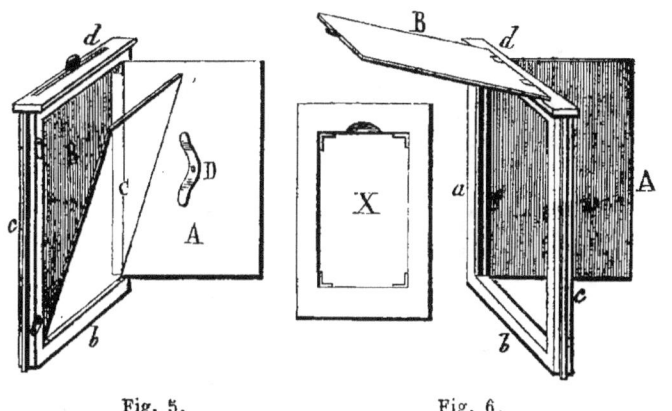

Fig. 5.   Fig. 6.

plaque sensible est exactement à la place que ce verre occupait.

La planchette X se place dans le châssis, quand on veut opérer sur des plaques plus petites que la grandeur de la chambre noire.

Pied.

Le pied à trois branches brisées (*fig.* 7 et 8) est suffisant pour l'amateur, il est plus léger et moins encombrant que les pieds fixes.

On place l'appareil sur la planchette A qui est solidaire avec le genou B, ce qui permet d'incliner la planchette et par suite l'appareil dans tous les

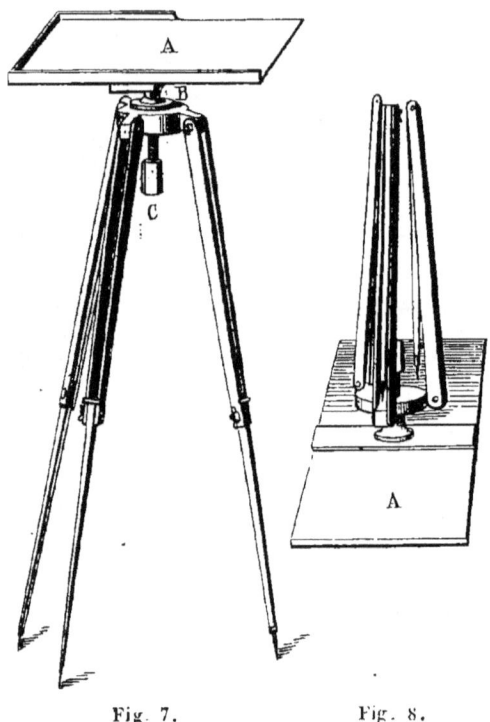

Fig. 7.   Fig. 8.

sens. La vis C est destinée à maintenir le genou dans la position convenable. La figure 7 représente le pied monté, et la figure 8 le représente les branches repliées, soit pour le transport, soit pour le rangement.

Châssis à reproduction.

Cet instrument (*fig.* 19 et 20) sert à produire les épreuves sur papier avec un négatif. Nous en donnons la description page 71.

Verres ou glaces.

On choisira une belle feuille de verre bien blanc de 2 millimètres d'épaisseur [1], on la coupera en carrés ayant la dimension nécessaire pour entrer facilement dans le châssis de la chambre noire. On coupe également quelques morceaux d'une plus petite grandeur (planchette X, *fig.* 5). Il faut au moins une vingtaine de verres de ces deux dimensions; on doit les visiter avec soin et rejeter tous ceux qui offrent quelques défauts.

Il est évidemment préférable de se servir de glaces; mais, vu leur prix élevé, les élèves devront étudier en se servant de verres jusqu'à ce qu'ils aient acquis assez d'habileté pour ne pas les casser ni les rayer.

---

[1] Si le verre était plus mince, on éprouverait une certaine difficulté à immerger les plaques dans le bain d'argent, et ce serait une cause de taches.

Flacons, bassines, etc.

On se procurera les flacons suivants, sur lesquels on collera les étiquettes indiquées d'une manière bien apparente.

Flacons de 500 grammes avec bouchons de verre.

> Éther sulfurique rectifié.
> Alcool à 40° rectifié.
> Collodion neutre.
> Hyposulfite 8 p. 100.
> Hyposulfite 30 p. 100.
> Chlorure d'or.
> Bain de fer.

Flacons de 250 grammes avec bouchons de verre.

> Bain d'argent 8 p. 100.
> Bain d'argent 20 p. 100.
> Vieux bain d'argent.
> Acide acétique.
> Bichlorure de mercure.

Flacons de 250 grammes, larges cols, bouchons de liége, pour les produits solides.

> Coton-poudre.
> Sulfate de fer.
> Hyposulfite de soude.

Quatre ou cinq carafes de 75 grammes avec bouchons de verre, pour collodion (A, *fig.* 9).

Une carafe semblable pour vernis.

Un vase à expérience de 200 grammes (B, *fig.* 9).

Trois vases à expérience de 100 grammes.

Il est bon que ces trois vases ne soient pas exactement de même forme, pour les reconnaître facilement pendant les opérations.

Trois entonnoirs de diverses grandeurs.

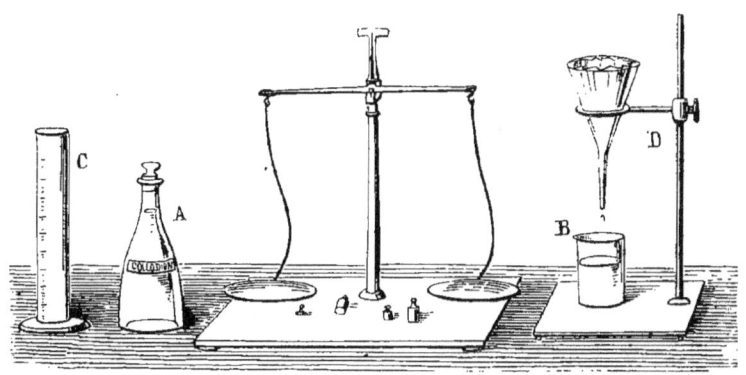

Fig. 9.

Une cuvette en porcelaine de 20 centimètres sur 15.

Deux cuvettes de faïence de même grandeur.

Une cuvette de faïence de 20 centimètres sur 36.

Une éprouvette graduée de 250 grammes (C, *fig*. 9).

Deux cruches de 2 litres.

Une grande bouteille dite marie-jeanne pour eau distillée.

Petite balance pouvant peser 250 grammes et sensible au centigramme avec une série de poids de 200 grammes jusqu'au décigramme.

Un support d'entonnoir (D, *fig*. 9).

Un crochet en argent ou en baleine (*fig*. 15). (En chauffant un morceau de baleine, on peut lui donner la forme d'un crochet.)

Papier de soie. — Papier à filtre.

Un morceau de toile noire de 1^m,50 sur chaque côté [1].

On doit soigneusement laver les flacons, d'abord à l'eau, puis à l'alcool, et les sécher avec du papier de soie avant d'y mettre les produits.

Il faut en outre quelques petits flacons pour des produits solides, tels que : azotate d'argent, chlorure d'or, iodure d'ammonium. On se les fait fournir ordinairement par le marchand de produits.

Achat des produits chimiques.

On devra s'adresser à une bonne maison pour l'achat des produits, afin de les avoir aussi purs que possible. Nous avons adopté comme règle invariable de ne donner aucune adresse, ne voulant pas faire de notre livre un prospectus de certaines maisons.

Nous donnons avec les quantités à prendre le coût approximatif.

Éther sulfurique rectifié.......	400 gram.,		2 fr.	40
Alcool rectifié...............	400	—	1	20
Coton-poudre...............	10	—	»	80
Hyposulfite de soude.........	500	—	1	»
Chlorure d'or...............	1	—	3	»
Sulfate de fer [1].............	100	—	»	05
Azotate d'argent cristallisable..	50	—	8	75
Acide acétique [2].............	200	—	»	»
Iodure d'ammonium.........	10	—	»	80
Bichlorure de mercure........	25	—	»	25
Kaolin......................	50	—	»	10
Gomme laque blanche........	30	—	»	10
Eau distillée.................	4 litres,		»	80

[1] Nous employons simplement la couperose verte des marchands de couleurs.

[2] Nous préférons employer le vinaigre ordinaire.

CHAPITRE III

MANIPULATIONS PRÉPARATOIRES.

CHAPITRE III

MANIPULATIONS PRÉPARATOIRES.

Collodion neutre.

On pèse, dans un vase à expérience parfaitement nettoyé, 200 grammes d'éther sulfurique [1] que l'on verse dans le flacon : *Collodion neutre;* on y ajoute 80 grammes d'alcool, enfin on pèse 4 grammes de coton-poudre que l'on introduit par petites portions dans le mélange précédent en agitant continuellement jusqu'à ce qu'il soit complétement dissous.

Ce mélange constitue le collodion neutre; on le laisse reposer quelques heures.

---

[1] Il faut bien se garder de transvaser de l'éther à la lumière d'une bougie ; les vapeurs qui se dégagent peuvent s'enflammer spontanément, communiquer le feu à l'éther, briser le flacon, et causer de graves accidents.

Le lendemain on pèse exactement une petite carafe, on l'emplit presque complétement de collodion neutre en ayant soin de ne pas agiter le flacon, de manière à ne verser que le collodion bien limpide, on pèse de nouveau et par une soustraction on obtient le poids exact du collodion : on écrit ce poids sur l'étiquette.

On emplit de même de nouvelles carafes en notant toujours le poids du collodion sur les étiquettes.

Si la liqueur du flacon venait à se troubler, on laisserait reposer quelques heures.

On doit rejeter le fond du flacon, quand il ne donne plus de collodion limpide [1].

Ioduration du collodion.

Six ou sept jours avant d'opérer, on prend une carafe de collodion neutre, et on y fait dissoudre de l'iodure d'ammonium dans la proportion de 1 gramme pour 75 grammes de collodion neutre.

---

[1] Si l'on se servait de la partie trouble du collodion, on aurait des épreuves criblées de petits trous, se traduisant en noir sur l'épreuve définitive.

Le collodion devient couleur orange et prend le nom de collodion ioduré ou simplement collodion [1].

On aura soin de faire parfaitement dissoudre l'iodure en agitant la carafe, et on laissera reposer. Les flacons contenant le collodion ioduré doivent être conservés dans l'obscurité.

Bain d'argent 8 p. 100 [2].

Faire dissoudre 16 grammes d'azotate d'argent dans 200 grammes d'eau distillée, filtrer, verser dans la cuvette de porcelaine de façon à avoir

---

[1] On voit que ce collodion est long à préparer ; mais en revanche il dure très-longtemps. Nous avons souvent employé du collodion ioduré depuis plusieurs mois, et qui nous donnait de bons résultats.

[2] Avant de se servir d'une dissolution d'argent, on devra se passer les mains dans une eau fortement salée, et la laisser sécher sur la peau sans l'essuyer. Les taches qui se forment sur la peau pendant les manipulations s'enlèvent alors facilement avec du savon et du grès, tandis que, sans l'immersion préalable dans l'eau salée, il faudrait, pour les enlever, recourir au cyanure de potassium, poison violent, qui peut occasionner les plus graves accidents et même la mort.

Les flacons contenant les dissolutions d'azotate d'argent doivent être entourés d'un papier noir, et conservés dans l'obscurité. La lumière altère cette dissolution.

une couche de 5 millimètres environ d'épaisseur.

Mettre 40 grammes environ de la même dissolution dans un petit vase à expérience (F, *fig.* 12).

Nous verrons plus loin que la proportion 8 p. 100 peut être trop forte pendant les grandes chaleurs de l'été, et trop faible en hiver.

Bains de fer.

Faire le mélange suivant dans le flacon : *Bain de fer.*

Eau	400 gr. [1]
Sulfate de fer (couperose verte)...	40
Acide acétique (vinaigre).........	16

Agiter pour dissoudre et filtrer ; verser 100 grammes environ dans un vase à expérience (B, *fig.* 12).

Hyposulfite de soude 30 p. 100.

Faire dissoudre dans 200 grammes d'eau filtrée :

Hyposulfite de soude.............	60 gr.

[1] On ne pèse pas l'eau : on la mesure dans l'éprouvette graduée (C, *fig.* 9), 1 centimètre cube pesant 1 gramme.

Verser de ce bain dans une cuvette de faïence, de manière à avoir une couche de 1 centimètre d'épaisseur.

Bichlorure de mercure [1].

Verser 200 grammes d'eau distillée dans le flacon : *Bichlorure de mercure*, et y faire dissoudre 10 grammes de ce produit ; agiter.

Mettre 50 grammes de ce bain dans un vase à expérience.

Vernis.

Faire dissoudre à chaud 4 grammes de gomme-laque dans 100 grammes d'alcool [2].

Faire un filtre.

On choisit un papier spécial un peu épais, on le coupe en carrés de 25 centimètres de côté, et on abat les angles (*fig.* 10). On prend un de ces carrés, on y fait quatre plis en ayant soin qu'ils se rencon-

---

[1] Ce produit est un poison (sublimé corrosif) : on devra le manier avec beaucoup de précaution.

[2] On peut y ajouter quelques gouttes d'essence de lavande pour rendre le vernis moins sec.

trent bien au même point, on retourne et on fait quatre nouveaux plis dans l'intervalle des précédents, puis on façonne le filtre comme il est représenté (*fig.* 11), et on le place dans un entonnoir

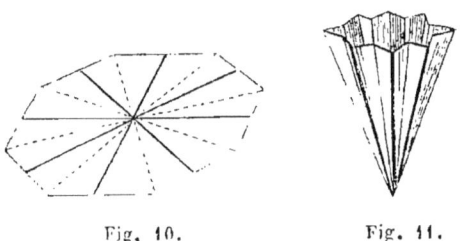

Fig. 10.   Fig. 11.

en l'enfonçant un peu dans le col pour éviter qu'il ne se crève sous la pression du liquide à filtrer.

Nous avons représenté (*fig.* 12) la disposition

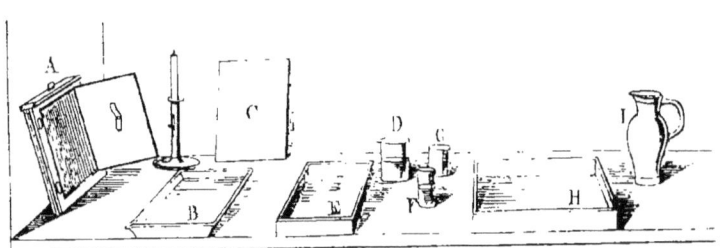

Fig. 12.

de la table de la chambre obscure : A, châssis ouvert et prêt à recevoir la plaque sensible ; B, cuvette au bain d'argent; C, carton un peu plus grand que la cuvette et dont nous verrons plus loin la destination; D, vase au bain de fer; E, cuvette dans laquelle on recueille le bain de fer rejeté de la plaque; F, vase contenant du bain d'argent; G, vase où on recueille le bain d'argent; H, grande cuvette pour recevoir les eaux de lavage; I, cruche en grès contenant 2 litres d'eau filtrée.

Dans la pièce éclairée et sur la tablette inférieure de l'étagère, nous plaçons la cuvette contenant la solution d'hyposulfite 30 p. 100 et le vase contenant du bain de bichlorure de mercure : enfin une nouvelle cruche et un seau en bois sont placés sous cette étagère pour les derniers lavages (*fig.* 1).

Nettoyage des glaces.

Toutes les glaces doivent être immergées dans un seau d'eau dans une position verticale; après une heure environ de séjour dans l'eau, on les frotte vivement avec un linge doux pour les dessécher.

Ce premier nettoyage est loin d'être suffisant, et c'est souvent parce que les verres ne sont pas parfaitement propres que l'on a des taches sur les épreuves photographiques.

Nous ne saurions trop recommander de suivre de point en point les indications suivantes pour être assuré de réussir.

On place une glace sur un coussin composé d'une douzaine de feuilles de papier de soie.

On met dans un petit vase quelconque du tripoli très-fin, et on y ajoute de l'alcool de manière à former une pâte demi-liquide. On prend une petite quantité de cette pâte que l'on place sur le verre, et on frotte vivement avec un linge fin et propre sur toute la surface ; on répète la même opération sur l'autre face.

Le verre est ensuite placé sur un autre coussin semblable au premier, on prend une feuille de papier de soie que l'on froisse en tampon. On verse sur la glace quelques gouttes d'alcool, et on frotte vivement avec le tampon de papier. On répète la même opération sur l'autre face.

Si l'on emploie du verre, on remarquera qu'une des surfaces est mieux polie que l'autre ; avec un peu d'habitude, soit à l'œil, soit au toucher, on reconnaîtra le côté poli et on en soignera plus particulièrement le nettoyage.

Si l'on emploie des glaces, on verra qu'elles sont aussi bien polies sur une face que sur l'autre.

Quand on juge le verre parfaitement propre, on le couvre de son haleine, il se forme un voile de buée : si ce voile est bien égal partout et s'il se dissipe promptement, c'est que la glace est suffisamment nettoyée ; dans le cas contraire on devra repasser une nouvelle feuille de papier de soie. Le verre dans cet état est placé debout le long d'un mur, le côté poli en dessous pour éviter la poussière.

On doit avoir le soin de faire le nettoyage de toutes les glaces dont on peut disposer la veille du jour où l'on doit opérer, afin de n'être plus arrêté dans son travail.

Nous devrons faire remarquer dès à présent que toute épreuve défectueuse doit être immédiatement plongée dans le seau d'eau ; la couche de collodion est facile à enlever lorsqu'on l'a maintenue humide, tandis qu'elle adhère fortement une fois sèche.

Positifs et négatifs.

On peut produire avec le collodion deux espèces d'images photographiques : les positifs directs et les négatifs ou clichés.

Dans les positifs directs les images sont formées sur la couche de collodion avec des teintes identiques à celles du modèle.

La couche de collodion qui porte l'image reste sur le verre ou est reportée sur toile cirée.

C'est ce genre d'image qui s'obtient le plus rapidement et avec le moins d'opérations ; c'est donc par là que les élèves devront commencer.

Les négatifs ou clichés sont des matrices pouvant reproduire à l'infini la même image sur papier.

Comme valeur artistique, les photographies sur papier sont infiniment supérieures aux positifs directs ; elles ont l'avantage de pouvoir se conserver en portefeuille ou en album. C'est à les obtenir que doivent tendre les efforts des amateurs.

Nous allons décrire tout d'abord le procédé direct, nous donnerons ensuite les variantes à y apporter pour obtenir les négatifs ; enfin nous verrons plus loin le report de ces négatifs sur papier.

Les manipulations préparatoires étant faites, comme nous l'avons dit plus haut, nous sommes prêts à opérer.

CHAPITRE IV

EMPLOI DU COLLODION.

CHAPITRE IV

EMPLOI DU COLLODION.

OBTENTION DES POSITIFS DIRECTS.

Collodionner la plaque.

On prend une glace, on s'assure, en soufflant dessus, que la surface en est bien propre, et on y passe un pinceau de blaireau doux pour enlever les quelques grains de poussière qui auraient pu s'y attacher.

La figure 13 montre la manière de s'y prendre pour étendre régulièrement le collodion sur la glace. On la tient par un angle dans un sens horizontal (*fig.* 13), on verse doucement du collodion ioduré en quantité suffisante, en tenant le goulot de la carafe près de la glace, pour que le collodion ne tombe pas de haut, puis on incline doucement dans tous les sens de manière à lui faire couvrir toute la surface, on redresse alors la glace verticalement en tenant l'angle A au-dessus du flacon pour y faire couler l'excédant de collodion ; on incline dans di-

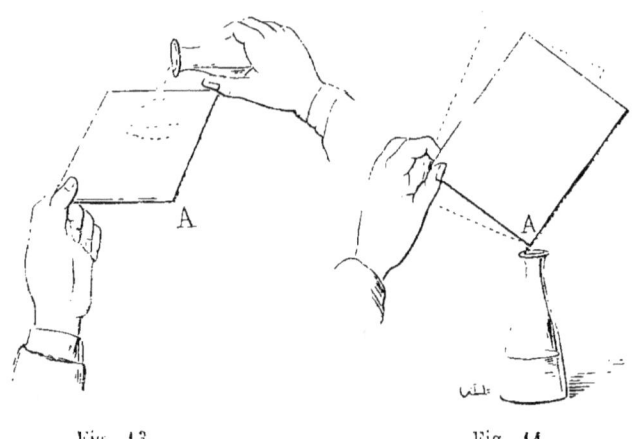

Fig. 13.   Fig. 14.

vers sens (*fig.* 14) pour égaliser la couche[1], et, quand elle n'égoutte plus, on se hâte de refermer le flacon qui doit rester ouvert le moins longtemps possible.

Cette opération peut se faire dans la pièce éclairée ; mais on ne doit pas être trop éloigné du cabinet obscur.

On devra commencer à collodionner des quarts

---

[1] Sans quoi la couche serait couverte de stries, rides ou inégalités, qui détruiraient les finesses de l'image.

de plaque (13 centimètres sur 9) pour apprendre le tour de main de cette opération qui est très-simple en elle-même. Avec un peu d'habitude on obtient une couche bien régulière sans perdre une seule goutte de collodion.

Sensibilisation de la plaque.

On attend quelques instants que l'éther du collodion soit évaporé, et on plonge la glace dans le bain d'argent.

Cette opération doit se faire dans le cabinet obscur disposé comme (*fig.* 12) et à la lueur d'une bougie.

L'entrée de la plaque au bain d'argent doit se faire d'un seul coup et sans temps d'arrêt[1] ; pour cela voici comment on procède :

On soulève (*fig.* 15) la bassine devant soi de manière à rejeter tout le liquide au bout opposé. On place la plaque comme il est indiqué, la couche de collodion en dessus, et on la maintient dans cette position avec le crochet de baleine.

---

[1] Le moindre temps d'arrêt produit de grandes taches sous forme de lignes, qui traversent toute l'image.

On baisse brusquement à la fois la bassine et la plaque pour les ramener horizontalement : la glace est alors immédiatement couverte par le liquide ;

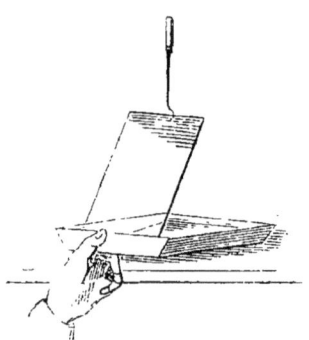

Fig. 15.

on agite doucement la bassine, et quand on est bien assuré que le liquide recouvre également la glace, on couvre la bassine avec un carton (C, *fig.* 12) un peu plus grand que celle-ci [1] ; on continue à agiter doucement [2] pendant une minute environ, on regarde alors la glace en la soulevant avec le crochet, la couche de collodion, de transparente

---

[1] A ce moment la glace devient très-sensible à la lumière, et celle de la bougie pourrait l'altérer légèrement. C'est pour la soustraire à cette action que l'on couvre la bassine.

[2] Cette agitation a pour but d'empêcher les quelques impuretés du bain d'argent d'adhérer à la couche de collodion.

qu'elle était, doit être devenue d'un blanc opaque ; mais si elle n'est pas restée suffisamment dans le bain d'argent, elle présente un aspect huileux et le liquide y coule sous forme de veines [1]. On se hâte dans ce cas de la replonger dans le bain pour la soulever de nouveau après quelques instants.

Dès que la couche sera bien unie et que le liquide coulera bien régulièrement sur toutes ses parties, on devra retirer la glace du bain. On la laisse égoutter au-dessus de la bassine, on en pose un moment le bord inférieur sur plusieurs doubles feuilles de papier de soie pour enlever l'excès de liquide [2] ; enfin, on la place, la couche en dessous, dans le châssis (*fig.* 5) dont on ferme la porte.

Il est bien entendu que la couche de collodion dans cet état ne doit pas recevoir le moindre rayon de jour.

Comme il est assez difficile d'entrer la glace dans le bain d'argent sans faire de taches, on a imaginé un appareil qui simplifie beaucoup cette opération :

---

[1] Si l'on se servait de la plaque à cet état, ces veines paraîtraient en taches sur l'image ainsi obtenue.

[2] Cette précaution ménage considérablement les châssis de la chambre noire.

c'est la cuve verticale (*fig.* 16). L'inspection de la figure montre suffisamment la manière d'opérer

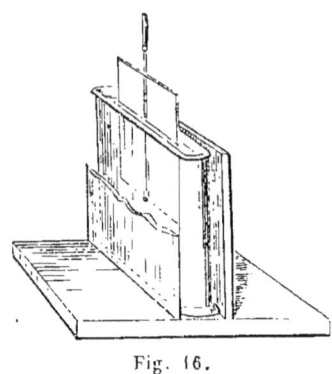

Fig. 16.

avec cet appareil, qui n'a d'autre inconvénient que d'exiger une quantité plus abondante de solution d'argent que la cuvette ordinaire.

Mise au point.

Nous engageons les élèves à commencer par la reproduction d'un objet inanimé. On prendra, par exemple, une vue de sa fenêtre, si cette vue offre quelque intérêt; dans le cas contraire on pourra s'exercer à reproduire une statuette ou une grande gravure très-vigoureuse. On place l'appareil devant l'objet à reproduire, et l'on met au point en avançant ou reculant le tiroir (B, *fig.* 4) de la chambre noire de façon à obtenir le maximum de netteté de l'image sur le verre dépoli. Cette opération doit être faite avant le collodionnage, pour que l'on soit prêt à exposer dès que la plaque est sensibilisée ; il doit y avoir le moins de temps possible entre la sensibilisation de la plaque et son exposition.

Exposition.

On enlève le verre dépoli de la chambre noire et on le remplace par le châssis contenant la plaque sensible. On place (*fig.* 17) le voile noir devant

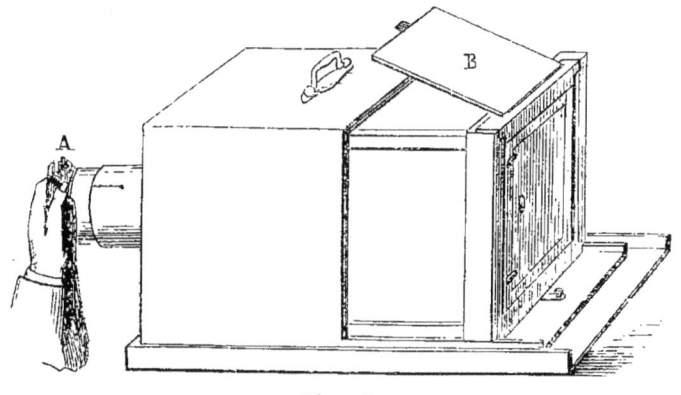

Fig. 17.

l'objectif. On soulève le rideau B. — On attend un instant que tout l'appareil soit bien immobile, puis on retire le voile, et l'opération commence [1].

[1] L'emploi du voile nous paraît préférable à tous les obtu-

Temps de pose.

La lumière plus ou moins vive, la qualité des produits, l'heure de la journée à laquelle on opère, la bonté de l'objectif, sont autant de causes de variation dans le temps de pose. On conçoit qu'il est impossible de rien préciser à cet égard. Il faut une grande habitude et la connaissance parfaite de ses produits pour obtenir immédiatement un bon résultat.

Voici pourtant quelques données pour la première expérience :

Pour une vue de maisons éclairées par le soleil, 2 secondes [1];

La même vue, sans soleil, 8 secondes;

Pour une gravure bien éclairée, sans être exposée au soleil, 10 secondes.

On notera soigneusement le temps de pose adopté pour la première expérience. Nous apprendrons à

---

rateurs, qui fonctionnent souvent difficilement, et peuvent produire par leur manœuvre une agitation nuisible à tout l'appareil.

[1] Ces temps de pose sont donnés pour des positifs sur verre : nous verrons plus loin que les négatifs exigent à peu près une moitié en plus.

reconnaître par les manipulations suivantes si le temps adopté est trop long ou trop court.

Pour compter les secondes, on peut s'éviter l'embarras et la dépense d'un compteur; on doit s'exercer à compter de 1 à 60, en espaçant bien régulièrement les nombres, de façon à les dire tous dans l'espace d'une minute.

Quand on juge le temps de pose suffisant, on replace le voile devant l'objectif, on baisse le rideau B, on enlève le châssis et on se rend dans le cabinet obscur.

Développement.

On retire la glace du châssis; on la maintient par un angle dans une position horizontale au-dessus de la bassine de faïence (E, *fig.* 12).

L'image, quoique existant à l'état latent dans la couche de collodion, est à ce moment complétement invisible. Pour la faire apparaître, on prend le vase (D, *fig.* 12) contenant le bain de fer, et on en verse sur la glace en quantité suffisante pour couvrir complétement et immédiatement toute la couche [1].

---

[1] Le moindre temps d'arrêt produit des taches analogues à celles d'une entrée maladroite au bain d'argent.

L'image apparaît presque subitement. On incline dans tous les sens pour faire couler le liquide sur toute la surface, et on le rejette dans la bassine quand l'image est suffisamment venue ou quand on aperçoit des pellicules d'argent à la surface, pellicules qui pourraient s'attacher à la couche de collodion et perdre l'épreuve [1].

L'image qui apparaît est négative, en ce sens que les blancs de la nature viennent en noir sur le collodion, *et vice versa.*

Si le temps de pose a été trop long, l'image apparaît brusquement; mais elle disparaît bientôt, en partie voilée par une teinte gris foncé qui s'étend sur toute la surface.

Si, au contraire, le temps de pose n'était pas suffisant, les grands clairs de la nature viennent très-noirs sur la plaque; mais les demi-teintes viennent difficilement, quoique l'on repasse du bain de fer; les détails dans les ombres sont complétement invisibles; enfin la majeure partie de la plaque reste blanche.

Quand le temps d'exposition est exact, on voit

[1] On peut remettre une nouvelle quantité de bain de fer, si tous les détails n'étaient pas suffisamment venus.

immédiatement apparaître en noir les parties éclairées du modèle, et peu à peu les demi-teintes viennent faiblement en gris; mais les ombres vigoureuses restent parfaitement blanches.

Quand l'épreuve est dans cet état, on rejette vivement le bain de fer dans la cuvette E; on se place au-dessus de la bassine H (*fig.* 12), et on lave à grande eau.

Il ne faut pas laver au-dessus de la bassine où on recueille le bain de fer; car ce bain peut servir de nouveau en le filtrant; il devient même meilleur en vieillissant.

Fixage.

Sortant alors de la chambre obscure, on place la glace, le collodion en dessus, dans la bassine contenant l'hyposulfite 30 p. 100; l'image se trouble et semble disparaître. Après trois ou quatre minutes d'immersion on la soulève pour la regarder en dessous. De jaune opaque qu'elle était, l'épreuve devient transparente. On la replonge dans le bain si elle présente encore l'aspect jaune dans quelques parties, et quand cet aspect a complétement disparu, on lave à grande eau : l'épreuve est terminée.

Pour bien juger le résultat, on pose la glace sur un objet noir quelconque, la couche de collodion en dessus [1].

Si les détails ont disparu dans les clairs et si les ombres ne sont pas assez vigoureuses, le temps de pose a été trop prolongé.

Si, au contraire, les ombres sont trop vigoureuses et sans aucun détail, l'exposition a été trop courte.

On peut sécher la couche de collodion sur la flamme de la bougie [2], après avoir essuyé le côté inverse de l'image. La seule précaution à prendre est de ne pas chauffer irrégulièrement, ce qui pourrait casser le verre.

Nous ne connaissons pas de bon vernis pour les positifs : tous ceux que nous avons essayés donnent une teinte jaune sur les lumières; nous préférons coller par les bords un morceau de papier ou de velours noir sur la couche même du collodion.

---

[1] La couche, n'étant pas sèche, n'a aucune solidité, et serait altérée par son contact avec un corps dur.

[2] La couche de collodion en dessus, pour éviter de la salir par le noir de fumée de la bougie.

Transport sur toile cirée.

On choisit une belle toile cirée noire, on la coupe de la grandeur des épreuves, et on pose chaque morceau pendant un instant sur une solution de gomme arabique (eau 100 gr., gomme 20) placée dans une bassine.

On laisse sécher cette toile pour s'en servir plus tard.

Après le dernier lavage de l'image, et pendant qu'elle est encore humide, on pose sur la couche de collodion un morceau de toile gommée plus petit que la glace, et on facilite l'adhérence en appuyant doucement la main sur la toile. Soulevant alors un des angles de la couche de collodion, il suffit d'enlever cette toile, et l'image s'y trouve fixée. L'épreuve, une fois sèche, présente une grande solidité.

OBTENTION DES NÉGATIFS.

Les opérations du collodionnage et du passage au bain d'argent sont les mêmes que pour les positifs. L'exposition est un peu plus longue. Quant au développement, voici comment on procède :

Après avoir versé le bain de fer, si l'image est bien venue dans tous ses détails, on la redresse verticalement, pour juger de son opacité, contre la clarté de la bougie. Si, comme il arrive d'ordinaire, les noirs sont transparents, on verse sur la glace une petite quantité de bain d'argent (vase F, *fig.* 12), toujours avec la même précaution d'éviter les temps d'arrêt. On rejette vivement le liquide (dans le vase G, *fig.* 12)[1], et on lave de suite avec une nouvelle quantité de bain de fer. On regarde de nouveau en transparence : les noirs ont beaucoup gagné de vigueur. On lave à grande eau (au-dessus de la bassine H).

Le fixage à l'hyposulfite s'exécute comme nous l'avons dit pour les positifs. Après le lavage, si, en transparence, on ne juge pas encore l'épreuve assez vigoureuse, on peut la renforcer en versant dessus une petite quantité de la solution de bichlorure de mercure, que l'on rejette immédiatement, et

---

[1] On ne doit jamais rejeter du bain d'argent dans la cuvette où on recueille le bain de fer, puisque ce bain sert de nouveau après avoir été filtré, et qu'alors il serait altéré par l'addition d'azotate d'argent.

On recueille le bain d'argent dans un vase spécial, pour pouvoir en extraire l'argent comme nous le verrons plus loin.

enfin on lave une dernière fois à très-grande eau.

Un beau cliché doit être parfaitement noir dans les lumières vives et très-transparent dans les ombres vigoureuses. Il est entendu que tous les clichés n'ont pas besoin d'être renforcés au bichlorure de mercure.

On sèche la couche de collodion au-dessus de la flamme de la bougie, et, si l'on juge le cliché bon, on y étend, pendant qu'il est chaud, le vernis à la manière du collodion. Ce vernis, composé comme il est dit page 27, sèche presque immédiatement.

Observations sur l'emploi du collodion.

Les divers produits, préparés comme nous l'avons dit, réussissent également bien pour les positifs et pour les négatifs; mais, soit par suite de l'impureté des produits, soit à cause du changement de température, soit enfin par la nature même de l'objet à reproduire, il est parfois utile de varier légèrement les formules.

Nous recommandons de ne rien changer avant de s'être bien assuré que la non-réussite ne vient pas de sa propre négligence.

En été, il peut arriver que notre collodion sèche trop vite sur la glace, et il devient alors difficile d'obtenir une couche bien régulière. Pour y remédier, on devra diminuer un peu (10 p. 100) la quantité d'éther et augmenter dans la même proportion la quantité d'alcool.

En hiver, l'effet contraire peut se produire. Le collodion est trop lent à s'évaporer. On devra alors employer un peu plus d'éther que notre formule ne l'indique et, par suite, diminuer d'autant (en poids) la quantité d'alcool.

Si, en séchant, la couche du collodion se détachait du verre en écailles, cela peut provenir, soit d'un nettoyage imparfait de la glace, soit d'une trop grande quantité d'alcool dans le collodion.

Si, à l'entrée au bain d'argent, il se forme dans ce bain un précipité blanc, c'est qu'il y a une trop forte quantité d'iodure dans le collodion.

Si la couche de collodion ne devient pas blanche et opaque dans le bain d'argent, quel que soit le temps qu'on l'y laisse, c'est que ce collodion ne contient pas assez d'iodure d'ammonium.

Si la couche blanchit bien, mais qu'elle soit plus de deux minutes à parvenir dans cet état, c'est que le bain d'argent est trop faible. On devra donc y ajouter quelques cristaux d'azotate d'argent et les bien faire dissoudre avant de s'en servir de nouveau.

On ne peut absolument pas obtenir de bons résultats si le collodion est trop nouvellement ioduré. Dans ce cas, quelle que soit la durée de l'exposition, l'image entière prend un aspect gris terne. Il faut, comme nous l'avons dit, iodurer le collodion six jours au moins avant de s'en servir.

Dans les positifs, il arrive parfois que l'image se trouve couverte d'une espèce de voile. Si cet effet se répète, on devra ajouter un peu d'acide acétique dans le bain de fer.

Si la couche était criblée de petits trous, cela pourrait provenir ou de la mauvaise qualité du coton-poudre, ou de ce que le bain d'argent aurait besoin d'être filtré, ou de ce que l'on n'aurait pas agité la bassine au bain d'argent pendant la sensibilisation, ou bien encore de ce que ce bain serait trop énergique.

Les bains de fer et d'hyposulfite peuvent servir assez longtemps. On renforce de temps en temps celui d'hyposulfite en y ajoutant quelques cristaux de ce sel. Quant au bain de fer, on devra le renouveler quand il donne des épreuves tachées et ne noircissant pas en transparence.

Quand on doit reproduire un objet qui a de fortes oppositions d'ombres et de lumière, comme par exemple un paysage dans lequel se trouvent des maisons blanches, éclairées par le soleil, il survient une difficulté, c'est qu'il faudrait, par exemple, une seconde pour faire venir convenablement les maisons et cinq secondes pour les arbres ; si l'on prend une moyenne pour la pose, on aura des maisons trop blanches et des arbres trop noirs : l'image prend alors l'aspect d'effet de neige, si désagréable dans beaucoup de photographies.

On remédie à cet inconvénient en employant un bain de fer, qui contient plus d'acide acétique que celui dont nous avons donné la formule. Le bain ainsi modifié développe d'abord les grands noirs ; mais si on lui laisse continuer son action, les noirs perdent de l'intensité, pendant que les demi-teintes ont le temps de venir à leur tour.

Si, au contraire, on avait un monument à prendre par un faible jour, avec le bain de fer ordinaire, on obtiendrait une épreuve qui manquerait de vigueur. Il faut, dans ce cas, que le bain contienne moins d'acide acétique, et que l'on renforce l'épreuve en versant, après le bain de fer, quelques gouttes de bain d'argent : on obtiendra alors un cliché qui donne suffisamment d'opposition.

D'après ces principes, on emploiera un bain fort en acide acétique pour le portrait d'une dame habillée en noir, et on prendra, au contraire, un bain faible pour celui d'un enfant vêtu de blanc.

Quand on a fini d'opérer, avant de remettre les bains dans les flacons, nous recommandons de les filtrer pour les avoir tout prêts à servir de nouveau. Nous recommandons d'avoir un entonnoir particulier, muni d'un filtre, pour chaque liquide. Comme il reste beaucoup d'argent dans les filtres, on devra avoir un soin particulier de celui destiné au bain d'argent[1]. Un filtre neuf absorbe beaucoup de nitrate, tandis qu'ayant déjà servi, il n'en absorbe presque plus. Les bassines et les entonnoirs seront bien essuyés avec du papier de soie et retournés pour éviter la poussière.

Portraits.

Quand on est bien maître de son procédé pour la

---

[1] Un filtre au bain d'argent, fût-il crevé, doit être conservé : nous donnerons plus loin le moyen d'en extraire l'argent.

reproduction d'objets inanimés, on pourra entreprendre les portraits.

On se sert pour cet usage de l'appareil double, qui est beaucoup plus rapide que l'appareil simple.

Il faut une étude sérieuse pour obtenir un portrait irréprochable. La manière de disposer son modèle pour qu'il soit convenablement éclairé, la pose à lui faire prendre, le choix du fond et des accessoires, sont autant de détails auxquels on reconnaît le goût et le sentiment artistique de l'opérateur.

Le modèle doit être éclairé de face ou à peu près de face ; mais il ne faut pas que la lumière puisse se répandre sur le sujet dans tous les sens, car alors on n'obtiendrait qu'une image sans ombre ni vigueur. C'est ce qui arriverait si l'on plaçait le modèle au milieu d'une cour.

Nous avons dit que l'on ne pouvait obtenir de portraits dans une chambre. Voici pourquoi :

Si l'on place le modèle près d'une fenêtre, on aura un côté de la figure complétement blanc et l'autre tout à fait noir ; l'effet artistique est ainsi totalement manqué.

Pour que le sujet soit éclairé de face, il faudrait le placer dans l'angle le plus éloigné de la fenêtre, et alors la lumière n'étant pas assez vive, il faudrait poser trop longtemps.

Les photographes de profession ont une terrasse située au nord, pour n'avoir pas de soleil, et ils disposent des toiles pour ne laisser venir sur le modèle que la lumière qu'ils jugent favorable.

Si l'amateur peut disposer d'une cour ou d'un jardin, il choisira un angle bien éclairé, mais où il ne vient pas de soleil. On organise un fond formé par une toile foncée de 1^m,50 de large sur 2 mètres de haut. Cette toile peut être simplement suspendue au mur ou clouée sur un châssis.

Le modèle est placé devant ce fond ; on établit au-dessus de sa tête et sur les côtés, à 50 centimètres au moins de distance, une toile de 50 centimètres de large, pour empêcher la lumière de venir d'en haut et de côté. Le modèle, se trouvant ainsi dans une espèce de guérite dont il sort à moitié, ne reçoit la lumière que de face.

La toile de fond peut être gris foncé, rouge ou bleu foncé : ces couleurs viennent également bien.

Il est bon d'avoir plusieurs toiles de couleurs différentes, pour les choisir suivant le teint et l'habillement du modèle.

L'habillement du modèle a aussi beaucoup d'importance. Il ne faut pas abuser des couleurs claires, surtout si la personne a le teint brun. On doit aussi avoir présent à la mémoire que le rose et le bleu viennent plus blancs que dans la nature sur l'image photographique ; le rouge et le vert viennent au contraire plus foncés.

On doit être très-sobre dans l'emploi des accessoires : un rideau bien drapé, une table couverte d'un tapis, quelques livres, voilà à peu près tout ce qu'on peut employer.

On pose en général le corps de face, avec la tête un peu de trois quarts, sans être penchée. On s'efforcera de faire prendre une pose naturelle. Les mains ne doivent pas être trop éloignées du corps.

Pour la mise au point, on placera la tête presque au milieu du verre dépoli, et c'est surtout cette partie dont on soignera la pureté. On regardera attentivement l'image sur le verre dépoli, pour faire rectifier les parties de l'ajustement qui donneraient les effets faux ; par exemple, pour les robes de dames, on en fera au besoin rectifier les plis, pour qu'ils tombent bien naturellement.

Voilà à peu près tout ce que l'on peut conseiller pour les portraits; c'est au goût de l'opérateur à s'exercer pour arriver à obtenir des résultats d'une certaine valeur artistique.

CHAPITRE V

ÉPREUVES POSITIVES SUR PAPIER.

CHAPITRE V

ÉPREUVES POSITIVES SUR PAPIER.

Nous avons vu que les clichés sont formés d'une épreuve négative en transparence. Si nous plaçons sous un cliché une feuille de papier qui ait la propriété de noircir à la lumière, les parties transparentes du cliché (les noirs de la nature) laissent pénétrer les rayons lumineux sur notre papier sensible qui noircit à ces endroits. Au contraire, les noirs des clichés (clairs de la nature), ne laissant pas passer les rayons, protègent les parties correspondantes du papier qui, par conséquent, restent blanches.

L'image négative sur le verre peut donc produire une épreuve positive sur papier, mais cette image doit être fixée; car si, dans cet état, elle était exposée à la lumière, les blancs ne tarderaient pas à noircir et l'image entière disparaîtrait sous un voile noir.

Ce sont ces opérations que nous allons décrire ; elles peuvent se diviser ainsi :

1° Choix du papier ;

2° Bain de chlorure de sodium ou d'albumine ;

3° Sensibilisation ;

4° Production de l'épreuve sous un cliché ;

5° Fixage de l'épreuve à l'hyposulfite ;

6° Virage ;

7° Lavage.

Nous devons dès à présent prévenir que l'on trouve dans le commerce, pour un prix modéré, d'excellents papiers ayant subi l'opération du chlorurage ou de l'albuminage. En s'en procurant, on supprime une opération longue et fastidieuse, et on est plus sûr de réussir qu'avec les papiers que l'on apprêterait soi-même. Quoi qu'il en soit, nous décrirons ces opérations pour les personnes éloignées des centres de fabrication.

Choix du papier.

On choisira un papier collé, d'une bonne pâte, d'un grain fin, exempt de points noirs et mince, quoique assez fort pour résister à des lavages répétés.

Comme il arrive souvent que le papier semble avoir ces qualités par l'effet du satinage, on devra en laisser tremper un échantillon dans l'eau pendant une heure et le laisser sécher ; dans cet état il doit présenter une texture bien uniforme, sans pourtant être uni comme une glace.

Les points noirs que l'on rencontre fréquemment et en abondance dans certains papiers, sont produits par du fer, et dans les opérations ultérieures ces taches prennent beaucoup d'importance et gâtent complétement les épreuves ; on conçoit qu'on doit rejeter de tels papiers.

On découpe les feuilles de la grandeur des glaces ou des épreuves à obtenir, et on rejette chaque morceau qui offre la moindre défectuosité [1].

En regardant attentivement les deux faces du papier, on remarquera que l'une est plus unie que l'autre ; c'est sur celle-là que l'on place les bains et que l'on produit l'épreuve ; pour la reconnaître, on fera un petit signe particulier au crayon sur l'envers du papier. On aura le plus grand soin de ne pas

---

[1] Il vaut mieux rejeter une feuille douteuse que de la sensibiliser, car cette opération coûte dix fois plus cher que le papier lui-même, et on augmenterait d'autant la perte d'argent.

toucher le papier ailleurs que sur ses bords ; la moindre tache de doigt, quoique invisible au premier abord, produit une forte tache sur l'épreuve définitive.

Bain de chlorure de sodium [1].

Faire dissoudre 8 grammes de sel de cuisine dans 200 grammes d'eau distillée, filtrer, verser dans une cuvette. On place le côté choisi d'une feuille à la surface de ce bain, en ayant soin que le liquide ne passe pas en dessus et en veillant aussi qu'il ne se trouve pas de bulles d'air emprisonnées entre le papier et le liquide.

Pour cela on tient (*fig*. 18) la feuille horizontalement au-dessus du bain, on abaisse un des petits côtés jusqu'au liquide, puis on baisse doucement le côté opposé. La feuille, en appuyant sur le liquide, chasse devant elle les bulles d'air qui auraient pu se former sur le bain.

La feuille doit rester trois minutes au moins sur ce bain, mais il n'y a pas d'inconvénient à ce qu'elle reste un peu plus. On la relève avec précaution en

---

[1] Cette manipulation peut se faire dans la chambre éclairée.

la prenant par un angle. On laisse couler l'excédant du liquide par l'angle opposé dans la bassine, et on

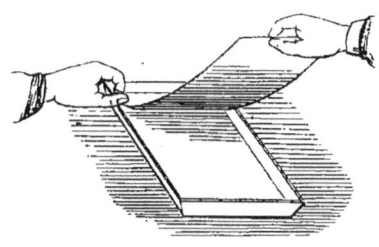

Fig. 18.

la suspend avec une épingle neuve que l'on pique sur le bord d'une des tablettes de l'étagère. (Voir *fig.* 1.)

On passe de la même manière sur ce bain une assez grande quantité de feuilles pour n'avoir pas à recommencer de longtemps cette manipulation. Ce papier se conserve très-bien. Quand les feuilles sont sèches, on les serre dans le châssis à reproduction (*fig.* 19 et 20) pour les rendre planes.

Les épreuves obtenues avec ce papier ne sont ni si brillantes ni si fines que celles obtenues sur papier albuminé, mais elles ont l'avantage de pouvoir être retouchées ou coloriées.

Bain d'albumine [1].

On prend six œufs bien frais, on les casse au-dessus d'un grand bol en n'y laissant tomber que les blancs, on retire avec soin toutes les impuretés, telles que coquilles, germes, etc., qui pourraient s'y trouver. On ajoute 50 grammes d'eau distillée dans laquelle on fait dissoudre le plus possible de sel de cuisine; on agite vivement avec une fourchette de bois jusqu'à ce que tout soit réduit en neige, on filtre et on verse dans une cuvette.

Pour filtrer l'albumine, on emploie une petite éponge fine, bien lavée et pressée, que l'on place au fond d'un entonnoir. Si, pendant l'opération, le liquide ne passait plus, on retirerait l'éponge pour la laver et on continuerait le filtrage après l'avoir replacée dans l'entonnoir.

Les feuilles sont passées sur le bain et suspendues pour le séchage, comme nous l'avons dit pour les feuilles chlorurées.

Les feuilles, étant sèches, sont posées l'une sur l'autre, la face préparée en dessus. D'un autre côté,

---

[1] Cette manipulation peut se faire dans la chambre éclairée.

on fait chauffer des fers à repasser; on place une feuille de papier de soie sur la première feuille albuminée, et on y passe le fer en appuyant vigoureusement pour chauffer la couche d'albumine. Cette opération a pour but de coaguler l'albumine et de la rendre insoluble dans les liquides. On retire la première feuille et on chauffe de même les suivantes.

On change souvent de fer pour en avoir constamment un à une température assez élevée, sans pourtant qu'il puisse roussir le papier de soie. L'interposition du papier de soie a pour but d'empêcher de salir la surface du papier albuminé, destinée à recevoir l'image.

Sensibilisation du papier.

Faire dissoudre dans 200 grammes d'eau distillée 40 grammes d'azotate d'argent [1]; filtrer, verser dans une cuvette de porcelaine parfaitement nettoyée. On mettra cette cuvette dans l'obscurité, et l'on placera à la surface du liquide les feuilles chlorurées ou albuminées, de la manière décrite plus haut. Chaque feuille doit rester cinq ou six

---

[1] Voir la deuxième note, page 25.

minutes sur ce bain. On enlève les feuilles en les prenant par un angle, on les soulève très-lentement pour qu'elles retiennent le moins possible de liquide, et on les laisse sécher en les suspendant par un angle ; on place au-dessous un petit vase à expérience pour recueillir l'excédant de liquide.

On fait ordinairement cette manipulation le soir, et pour le nombre de feuilles dont on aura besoin le lendemain, en en ajoutant quelques-unes pour les risques d'épreuves défectueuses. Ce papier ne se conserve pas plus de huit jours. Pour éviter que les feuilles sensibilisées ne soient surprises par le jour, on doit les faire sécher dans le cabinet obscur. Lorsqu'elles sont sèches, on les place dans un cahier composé de feuilles de fort papier buvard, conservé dans l'obscurité et dans un endroit exempt d'humidité.

Le bain d'azotate s'appauvrit par l'usage. Chaque fois que l'on aura argenté 20 feuilles de papier (13 sur 18), on devra, pour le remettre au titre, y ajouter 25 grammes d'eau distillée et 8 grammes d'azotate d'argent. On doit filtrer après chaque addition d'azotate.

Après avoir sensibilisé le papier, on remettra

bain dans le flacon et on y ajoutera quelques rammes de kaolin ; on agite la bouteille et on isse reposer. Cette addition a pour but de dé-)lorer le bain qui prendrait une couleur brune, irtout quand on sensibilise du papier à l'albu- ine. Avant de s'en servir de nouveau, il faut écessairement le filtrer en laissant toujours le ième kaolin au fond de la bouteille.

Nous rappellerons que les flacons contenant les issolutions d'azotate d'argent doivent être enve- ppés d'un papier noir, et conservés dans le binet obscur.

Reproductions ou tirage des épreuves positives.

La production de l'épreuve sur papier s'obtient ans le châssis à reproduction (*fig.* 19 et 20) com-)sé d'un cadre rectangulaire ayant pour fond e glace A, sur laquelle on place le cliché, la face llodionnée en dessus. Le côté sensible du papier t mis en contact avec la partie collodionnée du iché ; on place au-dessus du papier la plan- iette brisée B, enfin on ferme, par les taquets D, D, s deux lames de bois C, C, dont les ressorts appuient doucement sur la planchette B et maintiennent le tout rigide. La partie antérieure d

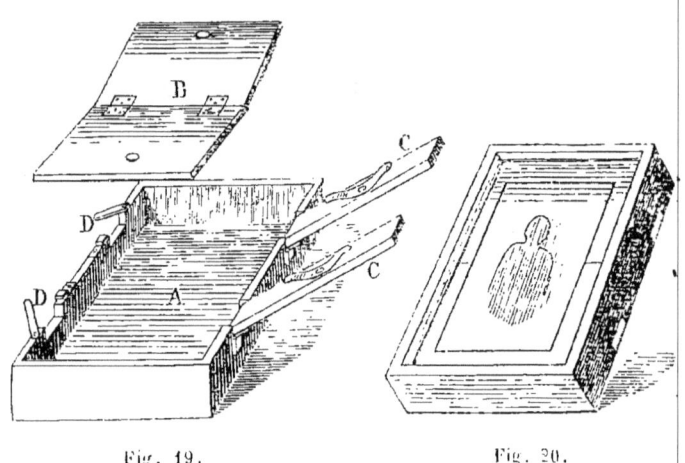

Fig. 19.   Fig. 20.

la planchette B est garnie avec du drap pou adoucir la pression du bois sur le papier sensible.

On retourne le châssis (*fig.* 20) et on l'expos en plein soleil, ou à son défaut en pleine lumière Nous ne pouvons préciser le temps d'exposition cela tient à la bonne préparation du papier, à l transparence du cliché et surtout à la lumière mais nous avons des moyens pour vérifie l'épreuve. Après un quart d'heure au soleil ou trois quarts d'heure à l'ombre, on regarde où elle en est arrivée comme vigueur; pour cela, on retourne le châssis (*fig.* 19), on dégage *une des barres* C, on peut alors soulever *une moitié* de la planchette A, ainsi qu'une partie de l'épreuve; on voit alors à quel degré de vigueur elle se trouve. Si l'on ne la trouve pas suffisamment venue, on referme la planchette, l'épreuve se retrouve ainsi exactement dans sa position primitive, et l'on expose de nouveau le châssis pendant quelque temps à la lumière.

On ne retire l'épreuve que lorsqu'elle est arrivée à beaucoup plus de vigueur que n'en doit avoir l'épreuve définitive; les bains fixateurs lui feront beaucoup perdre de sa valeur et la ramèneront ainsi au degré convenable. Chaque épreuve retirée du châssis doit être vivement placée dans le cahier de papier buvard, pour être fixée plus tard avec celles obtenues le même jour.

Le placement du papier sensible dans le châssis et la vérification de l'épreuve peuvent se faire dans la chambre éclairée, mais on devra opérer très-vivement, sans quoi on verrait le papier se teinter sous l'action de la lumière.

L'envers du cliché, ainsi que la glace du châssis,

doivent être parfaitement nettoyés avant de servir à produire une épreuve.

Fixage, virage et lavage [1].

On doit, autant que possible, ne fixer que cinq ou six épreuves à la fois ; si l'on en a davantage, on les divise par séries, car si on les fixait toutes ensemble, on aurait de la difficulté à les surveiller.

On placera sur la tablette inférieure de l'étagère ses quatre cuvettes bien nettoyées : la première (à gauche) contiendra de l'eau filtrée ; dans la seconde on verse, sans la filtrer, la solution suivante :

Eau filtrée...................... 300 gr.
Hyposulfite de soude............. 30

Dans la troisième se trouve la solution suivante :

Eau filtrée...................... 300 gr.
Hyposulfite de soude............. 3
Chlorure d'or.................... 1/2

On doit faire dissoudre préalablement le chlorure d'or dans 20 grammes d'eau distillée, et ver-

---

[1] Cette série d'opérations doit se faire dans la chambre obscure ou tout au moins dans la partie la moins éclairée de la chambre claire.

ser cette solution petit à petit dans celle d'hyposulfite.

Enfin, la quatrième cuvette, la plus grande, contient de l'eau filtrée.

On prend une épreuve que l'on place à la surface de l'eau de la première cuvette, en évitant soigneusement les bulles d'air, comme nous l'avons dit pour le bain de sel (p. 66). A l'aide d'un pinceau bien propre on immerge cette première épreuve dans le liquide, on place de même toutes les autres épreuves à fixer, en ayant soin que la dernière ne surnage pas à la surface, mais qu'elle soit bien plongée dans l'eau.

On place un carton sur la cuvette pour que la lumière n'altère pas les épreuves, si l'on opère dans la chambre éclairée. Les épreuves doivent rester environ quinze minutes dans ce premier bain.

On prend alors chaque épreuve une par une avec précaution pour ne pas les déchirer, et on les immerge dans le bain d'hyposulfite 10 p. 100 (deuxième bassine), l'image en dessous, avec les précautions ordinaires relativement aux bulles d'air.

Après dix minutes d'immersion, on retourne à la fois toutes les épreuves, ce qui permet de juger de l'action de l'hyposulfite. On remarquera que les images ont diminué de vigueur et pris un ton rouge assez désagréable, mais dont on ne doit pas s'occuper pour le moment. Comme nous l'avons recommandé plus haut pour le bain d'eau filtrée, il faut, si l'on opère dans la chambre éclairée, placer un carton sur la cuvette pour que la lumière n'attaque pas les épreuves, et on les laisse encore dix minutes dans le bain. Après ce temps les épreuves sont fixées et peuvent impunément recevoir la lumière ; mais si on les trouvait trop vigoureuses, on peut sans inconvénient les laisser encore dans ce bain, jusqu'à ce qu'elles aient la valeur que l'on désire. Si, au contraire, une épreuve ne résistait pas à ces vingt minutes de bain d'hyposulfite et en sortait trop pâle, c'est qu'elle ne serait pas restée suffisamment, sous le cliché, exposée à la lumière.

Au sortir du bain d'hyposulfite les épreuves, comme nous l'avons dit, sont d'un ton rougeâtre ; on les place une par une et avec précaution dans le bain de chlorure d'or (troisième bassine), où le ton rouge se transforme en violacé et plus tard en noir; c'est ce que l'on nomme le *virage* des épreuves. Quand le bain de chlorure est neuf, on obtient le ton violet foncé dans l'espace de cinq minutes ; mais quand le bain devient vieux, il exige une demi-heure pour le même objet.

On sort les épreuves de ce bain quand elles sont parvenues à la couleur que l'on désire ; elles manquent à ce moment, en général, de vigueur ; mais, par le séchage à chaud, que nous décrirons plus loin, elles regagnent un peu de fermeté.

Si les blancs avaient pris une teinte jaunâtre, on pourrait remettre les épreuves pendant quelques minutes dans le bain d'hyposulfite 10 p. 100. Enfin, en dernier lieu, on les place dans la quatrième cuvette contenant de l'eau filtrée. Ce dernier bain, destiné à enlever complétement toute trace d'acide des pores du papier, doit être très-abondant. On y laisse séjourner les épreuves pendant une demi-heure, après quoi on change l'eau.

Les épreuves, pour être convenablement fixées, doivent rester six heures au moins dans l'eau que l'on change d'heure en heure. Après ce temps, on les éponge entre deux feuilles de papier de soie, et on les fait sécher au-dessus de la flamme d'une bougie en les maintenant à une assez grande distance pour ne pas les roussir ; le chauffage les rend un peu plus vigoureuses. Il ne reste plus qu'à les découper, à les coller sur carton bristol, et à les laisser sécher à plat et en presse pour éviter la déformation.

Observations relatives aux épreuves sur papier.

Le bain d'eau de la première cuvette contient beaucoup d'argent ; on ne devra donc pas le jeter, mais le recueillir dans un grand vase de grès pour en retirer l'argent, comme nous le dirons plus loin.

On change l'eau de ce bain chaque fois que l'on fixe cinq nouvelles épreuves.

Les bains d'hyposulfite et de chlorure d'or seront placés dans les flacons sans les filtrer. Quand on veut s'en servir de nouveau, on verse avec précaution la partie limpide dans les cuvettes, de manière à ne pas entraîner le dépôt qui se forme au fond des flacons et qui n'est autre chose que de l'argent. Le bain d'hyposulfite s'améliore en vieillissant, mais à la longue il peut causer des taches sur les épreuves ; quand on s'apercevra de cet effet, on en fera un nouveau et on recueillera l'ancien, ainsi que le dépôt qui s'y était formé, dans un nouveau vase spécial, pour en extraire l'argent.

Quand le bain de chlorure est plus d'une demi-heure à faire virer les épreuves au violet foncé, on le renforce en y ajoutant un peu de chlorure d'or (1/5 de gramme) préalablement dissous dans 10 gr. d'eau distillée.

Si ce bain en vieillissant produit des taches sur les épreuves ou les jaunit, on en fait un nouveau et on recueille l'ancien dans le vase où on a déjà mis le vieux bain d'hyposulfite.

Quand le fond d'un portrait n'est pas suffisamment foncé, et que le sujet ne s'en détache pas bien, on peut y remédier, avant le fixage, de la manière suivante : On en tire une épreuve faible, que l'on découpe avec soin, en suivant bien les contours. On prend une bonne épreuve au sortir du châssis, et on la fixe avec de petites pointes (punaises) sur une planchette. On lui superpose bien exactement la silhouette que l'on a découpée, et l'on expose le tout à la lumière ; les parties découvertes prennent de l'intensité et on arrête à volonté l'action de la lumière quand on la juge suffisante. Cette épreuve est ensuite fixée comme nous l'avons dit.

On peut aussi opérer de manière à avoir un fond très-foncé sur les bords de l'image, et se dégradant en clair vers le sujet. Pour cela, après avoir fixé sur la planchette l'épreuve et la silhouette, on découpe dans une carte bristol un morceau ovale que l'on tient à la main et que l'on promène sur le sujet exposé au soleil, en ne découvrant d'abord que les angles supérieurs de l'image, et peu à peu on découvre une plus grande surface. On fait marcher cet ovale continuellement, car si on s'arrêtait, on aurait une ligne coupée brusquement, et le ton fondu serait manqué.

Avec un peu d'habitude, on obtient par ce procédé des fonds magnifiques.

Les épreuves sont, en général, coupées sur les bords et collées sur carte bristol, mais on a un effet bien plus artistique par le moyen suivant :

On prend une feuille de papier noir et mince de la grandeur du cliché, et on découpe au milieu un ovale, de la dimension que l'on adopterait si l'on voulait encadrer ce portrait. Cette feuille noire est collée par les angles sur le cliché, de façon que le portrait soit bien disposé au milieu de cette espèce de cadre. On expose dans le châssis à la manière ordinaire, et on obtient ainsi une épreuve avec marge blanche, qui, collée sur du bristol, semble figurer une gravure imprimée sur papier de Chine.

On peut encore disposer l'opération comme nous l'avons dit en commençant et, pendant la venue de l'image, promener un carton bristol percé d'un ovale sur la glace extérieure du châssis. On obtient ainsi un bel effet ; les contours vont en mourant et la tête semble prendre plus de relief.

Les deux derniers procédés exigent un cliché dont le fond soit convenable et bien à sa valeur. Il serait difficile [1] de faire des fonds factices en se servant de ces derniers moyens.

Dans les paysages, le ciel vient toujours trop blanc ; on devra nécessairement y faire un ciel factice se dégradant en clair à l'horizon.

On peut aussi y faire des nuages : pour cela on choisit un jour où le ciel soit mouvementé, sans que le temps soit couvert, et on en fait un négatif en ne posant qu'un temps inappréciable. Quand on a

[1] Mais non impossible.

tiré une épreuve de la vue à reproduire, on superpose, avant le fixage, une silhouette sur tout le sujet ; on place dans cet état l'épreuve dans le châssis sur le cliché de nuages, et l'on expose à la lumière.

CHAPITRE VI

UTILISATION DES RÉSIDUS.

CHAPITRE VI

UTILISATION DES RÉSIDUS.

La principale dépense du photographe est l'achat de l'azotate d'argent, et on peut la réduire presque de moitié par le traitement des résidus.

Les vieux bains d'argent, de fer et d'hyposulfite, les eaux de premier lavage des épreuves sur papier, les papiers argentés, les épreuves défectueuses non fixées et les filtres à azotate contiennent beaucoup d'argent. Nous allons nous occuper des moyens de l'extraire.

On réunit tous les papiers contenant de l'argent, on les brûle un à un et bien complétement ; si l'opération est bien faite, la cendre doit être blanche, on la place dans une capsule et on y ajoute de l'acide azotique en quantité suffisante pour obtenir une bouillie ; on chauffe doucement avec une petite lampe à alcool pendant une demi-heure ; puis on ajoute de l'eau et l'on fait bouillir. La liqueur refroidie et filtrée contient les sels d'argent; on y ajoute les vieux bains d'argent et les premières eaux de lavage des papiers positifs. D'autre part, on fait une forte dissolution de sel de cuisine dans de l'eau, solution que l'on verse par petites portions dans le liquide contenant les sels d'argent. Il se forme un précipité blanc (chlorure d'argent) que l'on recueille dans un filtre et que l'on mélange avec les vieux hyposulfites et bains de fer, que l'on a dû jusqu'alors conserver à part.

On place dans le vase qui contient ces liquides, de petites feuilles de zinc, et on laisse reposer pendant trois jours, après lesquels on retire le zinc ; on le dépouille au-dessus du vase de la poudre d'argent dont il est couvert; on filtre le tout; ce qui reste dans le filtre est de l'argent pur, qu'il n'y a plus qu'à laver parfaitement et à dessécher dans une capsule.

On peut, avec cette poudre, refaire de l'azotate d'argent. On trouvera dans le vocabulaire le moyen d'opérer cette transformation ; mais, comme cette manipulation est assez difficile, et que, d'autre part, si ce produit était mal préparé, ce serait une cause perpétuelle de non-réussite, les commençants feront bien de vendre la poudre d'argent quand ils en auront une quantité suffisante.

Comme il faut, pour l'extraction de l'argent contenu dans les papiers, faire bouillir de l'acide azotique dont les vapeurs sont assez dangereuses, on pourra se contenter de porter les cendres, ainsi que le chlorure et la poudre d'argent des bains de fer, chez un laveur de cendres, qui les met dans un creuset et en retire un lingot d'argent pur. On ne s'exposera pas ainsi à l'action des vapeurs dangereuses de l'acide azotique.

CHAPITRE VII

ÉPREUVES NÉGATIVES SUR PAPIER.

CHAPITRE VII

ÉPREUVES NÉGATIVES SUR PAPIER.

La production des épreuves négatives sur papier peut être appelée à un grand avenir, mais dans l'état actuel, diverses causes la font un peu négliger par les amateurs.

D'abord, on ne saurait, par ce procédé, obtenir la finesse des négatifs sur collodion. De plus, la vitesse laisse beaucoup à désirer ; enfin, les opérations sont plus longues et plus difficiles que celles sur collodion.

Ce n'est que dans les très-grandes épreuves et principalement pour les reproductions de monuments, que le papier l'emporte sur le collodion. Il donne beaucoup plus de vigueur et d'effet artistique, et le défaut de finesse inhérent à ce procédé est inappréciable pour les grandes épreuves qui doivent nécessairement être vues d'une certaine distance. Les grandes épreuves sur collodion sont plus difficiles à obtenir que celles sur papier et la finesse qu'elles possèdent nuit souvent à l'effet général.

Les amateurs, auxquels nous nous adressons, ne sont probablement pas disposés à faire la dépense d'immenses appareils, mais nous n'en décrirons pas moins les procédés pour obtenir les négatifs sur papier, parce qu'ils peuvent leur rendre quelques services, notamment pour prendre les vues au dehors; on évite, dans ce cas, le transport de tout le matériel photographique.

Nous conserverons toujours le même appareil, bien que, nous le répétons, ce ne soit pas dans les petites épreuves que les négatifs sur papier montrent toutes leurs qualités.

Additions au matériel.

On se procurera les flacons suivants et on y collera les étiquettes indiquées :

Flacons de 500 grammes, bouchons de verre.

> Iodure de potassium.
> Eau de lavage.
> Acide gallique.
> Hyposulfite 12 p. 100.

Flacon de 250 grammes, bouchon de verre.

Bains d'argent 8 p. 100 (nég.-pap.).

Une petite planchette mince de la grandeur des glaces.

Une planchette triangulaire et un voile noir, décrits et représentés figure 21 (p. 99).

ACHAT DES PRODUITS [1].

Sucre de lait...............	20 grammes.
Iodure de potassium........	10 —
Acide acétique cristallisable...	40 —
Acide gallique.............	10 —

Choix du papier.

On recherchera un papier mince, collé, et dont la texture soit bien homogène ; tout papier portant la trace de la vergeure doit être rejeté.

On coupe le papier en fragments de la grandeur des glaces du châssis, on vérifie toutes les feuilles et on rejette celles qui se trouvent être piquées ou qui présentent des taches noires et brillantes.

---

[1] Nous ne parlons ici que des produits dont on ne s'est pas servi dans le procédé au collodion.

Cirage.

L'opération du cirage a pour objet de boucher les pores du papier et de le rendre uni et transparent, condition indispensable pour obtenir une image fine.

On étend une feuille à cirer sur une feuille de papier de soie, et on râcle au-dessus de la cire blanche ; on couvre d'une seconde feuille de papier de soie, et l'on place dans le même ordre une douzaine de feuilles de papier munies de cire et séparées par du papier buvard.

On prend un fer à repasser assez chaud, et on le promène en appuyant sur la dernière feuille de papier de soie, de manière à faire fondre la cire et à la faire pénétrer sur toute l'étendue et dans toute l'épaisseur de la feuille à préparer ; on enlève la première feuille, et on répète cette opération pour toutes les autres.

Une feuille convenablement cirée, lorsqu'on l'examine en transparence, doit avoir l'aspect d'une feuille de gélatine sans aucune tache, et vue par réflexion, elle ne doit pas présenter de points brillants à sa superficie [1]. S'il s'en trouvait, on la

[1] Les parties brillantes proviendraient d'un excès de cire.

placerait de nouveau sous une feuille de papier de soie et on y repasserait le fer chaud.

On trouve dans le commerce de très-bons papiers ayant subi l'opération du cirage ; nous engageons les amateurs à s'en procurer pour s'éviter une manipulation longue, désagréable et fatigante, et dans laquelle ils ne sauraient réussir aussi bien que les fabricants qui ont un matériel spécial pour cet objet.

Ioduration du papier ciré.

Faire bouillir dans 500 gram. d'eau 40 gram. de riz de bonne qualité, jusqu'à ce qu'il commence à se gonfler et à crever, y ajouter 4 grammes de colle de poisson et filtrer dans un linge fin, dans lequel on presse le riz pour en extraire le plus possible de liquide.

On ajoute à cette dissolution :

Sucre de lait....................	20 gr.
Iodure de potassium.............	10

Après dissolution et filtrage on verse dans une cuvette.

Cette préparation se conserve bien. Mais quand

on ne s'en est pas servi depuis quelque temps, il se forme à la surface une espèce de peau que l'on sépare du liquide par un filtrage.

On plonge, une par une, une douzaine de feuilles cirées dans ce bain, avec toutes les précautions habituelles pour éviter les bulles d'air. Après une heure de séjour, on les retire et on les laisse sécher en les suspendant par un angle.

Cette préparation donne au papier une fois sec une teinte légèrement violette, qui est utile dans l'opération suivante.

Dans cet état, le papier est très-peu sensible et se conserve assez longtemps; on devra pourtant le renfermer quand il est sec dans un cahier spécial de papier buvard.

La veille du jour où on doit opérer, on fait subir la préparation suivante aux feuilles dont on aura besoin.

Sensibilisation.

Cette préparation doit se faire de préférence le soir, à la lueur d'une bougie, et dans tous les cas à l'abri de la clarté du jour.

Faire dissoudre :

Eau distillée....................	200 gr.
Azotate d'argent................	16
Acide acétique cristallisable......	32

Filtrer et placer dans une cuvette.

On place une des feuilles iodurées sur la surface de ce bain, puis on l'immerge complétement à l'aide d'un pinceau neuf ou n'ayant servi qu'à cet usage. On la laisse dans ce bain jusqu'à ce qu'elle ait perdu sa teinte violette, c'est-à-dire quatre ou cinq minutes, puis on la retire et on la plonge dans une cuvette contenant de l'eau distillée.

On sensibilise de même les autres feuilles et on les plonge dans l'eau distillée. Quand la dernière y est restée dix minutes, on recueille cette eau dans un flacon spécial et on la remplace par de l'eau nouvelle dans laquelle les feuilles doivent séjourner de nouveau dix minutes [1].

On dessèche alors ces feuilles entre du papier buvard et on les conserve dans un cahier spécial, soigneusement maintenu dans l'obscurité.

---

[1] Cette deuxième eau de lavage contient encore de l'argent, on devra donc la conserver pour l'extraire.

Exposition.

Les châssis de chambre noire pour les négatifs sur papier, diffèrent de ceux pour collodion, en ce qu'ils renferment deux glaces entre lesquelles on place le papier sensible. Quand on n'emploie pas d'ordinaire le procédé sur papier, on peut se servir du châssis à collodion; pour cela on prend une planchette de la grandeur de ses glaces, et on y fixe la feuille sensible au moyen de petites pointes (punaises), en ayant soin que la surface soit parfaitement plane.

Quant au temps d'exposition, le papier exige, pour un monument, cinq minutes environ au soleil et vingt-cinq ou trente minutes à l'ombre.

Quand on doit opérer au dehors, on doit faire quelques expériences préparatoires chez soi, pour se rendre compte du temps d'exposition à adopter; il est bon aussi de prendre plusieurs fois la même vue avec des temps d'exposition différents, pour être assuré d'avoir une bonne épreuve.

Quand nous prenons une vue en pleine campagne, comme nous ne saurions nous procurer un cabinet obscur, nous en organisons un sous le pied

ÉPREUVES NÉGATIVES SUR PAPIER. 99

de notre appareil, et c'est là que nous remplaçons à l'abri de la lumière l'épreuve venue par une nouvelle feuille sensibilisée.

Cette organisation, représentée figure 21, est

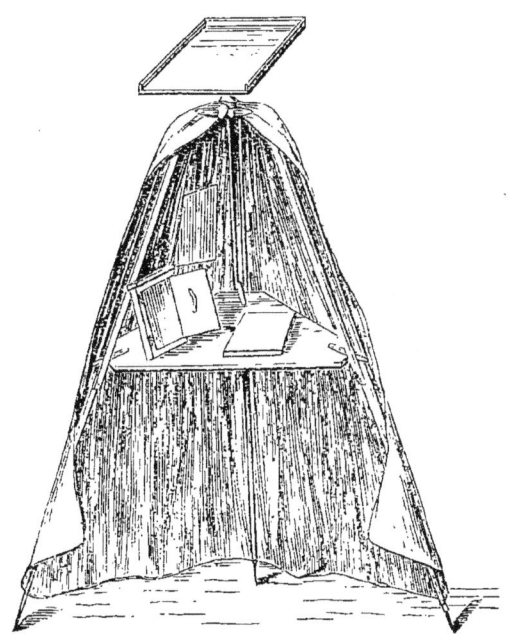

Fig. 21.

excessivement simple. Nous avons une planchette triangulaire dont les angles sont abattus et remplacés par de petites lames de fer plat, s'engageant dans les branches du pied. Un grand rideau noir et épais enveloppe tout le pied, et, à une place favorable, la toile est coupée et remplacée par une étoffe jaune foncé, qui donne suffisamment de jour pour permettre de placer le papier dans le châssis. Il est entendu que l'étoffe doit être assez ample pour entourer à la fois le pied et l'opérateur.

Développement.

L'image, au sortir du châssis, n'est pas apparente, si ce n'est parfois très-légèrement en silhouette.

On fait dissoudre 2 grammes d'acide gallique dans 500 grammes d'eau distillée (on devra s'y prendre à l'avance, car cet acide se dissout lentement); on ajoute environ 100 grammes de la première eau de lavage provenant de la sensibilisation du papier.

On place dans une cuvette une quantité suffisante de ce bain pour pouvoir immerger une feuille de papier; on y plonge l'épreuve à développer; l'image apparaît au bout de dix minutes environ; on la surveille, et si elle ne se renforçait plus, bien qu'elle ne fût pas parvenue à la vigueur nécessaire, on y aiderait en versant dans le bain une nouvelle quantité d'eau de lavage : elle prend alors toute sa vigueur, si l'exposition a été convenable.

On ne doit pas s'inquiéter de la teinte sale et de l'aspect grenu que prend l'image; il suffira, dans la suite, de la présenter à une certaine distance d'une source de chaleur, pour faire fondre la cire et redonner la pureté et la transparence au négatif.

Le ton que prend l'image dans l'acide gallique ait juger si le temps d'exposition dans la chambre noire a été convenable.

Si l'image devient immédiatement noir gris partout, l'exposition a été trop longue. Si les grandes lumières, qui doivent être les plus grands noirs du négatif, ne deviennent pas plus foncées que les demi-teintes, l'exposition a encore été trop longue.

Quand l'image n'a pas été assez exposée, les lumières seules se marquent faiblement en noir, l'image finit par ne plus se modifier et s'égalise partout.

Enfin, si le temps a été convenable, on obtient une épreuve présentant des contrastes du noir au blanc, bien arrêtés et bien transparents.

Il faut, en général, de dix minutes à une demi-heure d'immersion dans le bain développant, pour obtenir le maximum d'effet dans un bon négatif.

On place l'épreuve développée dans un bain d'eau

filtrée, pendant dix minutes ou plus, puis on la fixe [1].

Fixage.

Faire dissoudre dans 250 grammes d'eau filtrée

Hyposulfite de soude............ 30 gr.

Verser dans une cuvette.

On plonge l'épreuve dans ce bain et on l'y laisse jusqu'à ce qu'elle ait perdu toute trace jaunâtre ; ce qui demande de quinze à trente minutes.

Si l'on examine l'épreuve en transparence, quelque temps après son séjour dans le bain d'hyposulfite, on pourrait être tenté de croire qu'elle est perdue parce qu'il s'y forme des taches provenant d'un dépouillement incomplet ; mais plus tard, quand la teinte jaune a complétement disparu, on est étonné de la transparence des blancs et de la vigueur des noirs de l'image.

On placera, pendant cinq heures, l'image fixée

---

[1] On ne doit développer qu'une épreuve à la fois dans ce bain et on doit le remplacer quand il devient trop lent ou s'il produit des taches.

dans un bain d'eau filtrée, que l'on changera d'heure en heure.

Il ne reste plus qu'à la sécher entre du papier buvard et à la chauffer légèrement pour faire fondre la cire et rendre au papier toute sa transparence.

Le cliché ainsi obtenu sert de matrice pour produire des épreuves positives sur papier soit salé, soit albuminé. Nous renvoyons aux pages 63 et suivantes, pour l'obtention de ces épreuves.

CHAPITRE VIII

ÉPREUVES NÉGATIVES ET POSITIVES
SUR GLACES ALBUMINÉES.

CHAPITRE VIII

ÉPREUVES NÉGATIVES ET POSITIVES SUR GLACES ALBUMINÉES.

Ce procédé est surtout remarquable par la finesse excessive des épreuves. Aussi sera-t-il très-utile aux amateurs pour les épreuves stéréoscopiques et microscopiques destinées à être vues en grossissement. Il peut aussi servir pour les vues au dehors, car il n'est pas nécessaire, comme avec le collodion humide, d'exposer ni de développer immédiatement.

L'emploi de l'albumine est plus difficile que celui du collodion, aussi engageons-nous les amateurs à ne l'expérimenter que lorsqu'ils auront acquis un certain degré d'habileté dans les procédés précédents.

Le plus grand écueil à éviter est la poussière. On conçoit dès lors toutes les précautions que l'on devra prendre pour s'en garantir.

Nettoyage des glaces.

Pour les glaces neuves, nous renvoyons à ce que nous avons dit à cet égard en parlant de l'emploi du collodion. Quant aux glaces ayant déjà servi, pour enlever la couche d'albumine, on doit employer un dissolvant énergique :

Eau..........................	100 gr.
Potasse caustique................	20

Cette dissolution doit être conservée dans un flacon parfaitement bouché au liége.

Pour s'en servir, on en étend une certaine quantité sur la glace : après cinq minutes l'albumine est dissoute et s'enlève facilement avec un linge doux. On lave à grande eau, puis à l'alcool.

Préparation de l'albumine.

Prendre deux douzaines d'œufs que l'on casse au-dessus d'un saladier, en n'y laissant tomber que les blancs ; y ajouter :

Iodure de potassium.............	35 gr.

préalablement dissous dans 10 grammes d'eau ;

battre le mélange en neige et laisser reposer vingt-quatre heures, le saladier étant couvert par un carton pour éviter la poussière. Après ce temps, on filtre au moyen d'une éponge, comme nous l'avons dit page 68, et on conserve la liqueur dans de petits flacons pleins et bien bouchés.

Albuminage.

La glace ayant été nettoyée à l'alcool, on y passe un blaireau pour enlever les dernières impuretés, et l'on y verse l'albumine comme nous l'avons indiqué pour le collodion. On fait égoutter l'excédant, et l'on égalise parfaitement la couche d'albumine en inclinant légèrement la glace dans tous les sens. Il n'y a plus qu'à laisser sécher la couche d'albumine. Il est absolument essentiel, pour l'opération du séchage, que la glace soit placée dans une position horizontale et dans un lieu exempt de poussière ; les photographes de profession emploient pour cela divers moyens ; mais nous croyons que ce qu'il y a de plus simple est de se servir de la boîte à rainures (*fig.* 22), placée bien horizontalement, après avoir soufflé dans l'intérieur avec un soufflet pour en enlever les moindres atomes de poussière.

On albumine à la fois toutes les glaces dont on croit avoir besoin pour le lendemain, et on les place dans la boîte à rainures (*fig.* 22), la face albuminée en dessus.

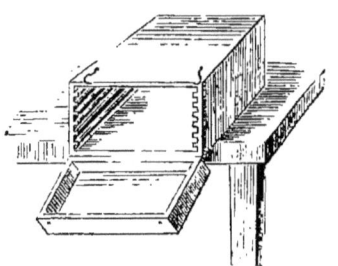

Fig. 22.

Le lendemain, quand la couche est sèche, on sensibilise dans le cabinet obscur.

Sensibilisation.

Faire dissoudre :

Azotate d'argent cristallisé........	10 gr.
Acide acétique cristallisable.......	10
Eau distillée.....................	100

Filtrer et verser dans la cuvette de porcelaine.

On prend une glace albuminée et on la plonge dans ce bain d'un seul coup et sans temps d'arrêt, par le tour de main que nous avons décrit pour le collodion (page 39).

Laisser deux minutes environ dans le bain ; retirer et laver parfaitement à l'eau filtrée, jusqu'à ce que l'eau coule bien sur la glace sans aspect gras.

On peut procéder immédiatement à l'exposition, mais l'albumine conserve sa sensibilité pendant plusieurs jours.

Si l'on doit retarder l'exposition, après avoir sensibilisé, lavé et égoutté toutes les glaces albuminées, on les renferme dans la boîte à rainures pour les préserver complétement de l'action des rayons lumineux. Il est bon d'envelopper cette boîte dans le voile noir, à moins que l'on ne soit absolument certain que la fermeture en est hermétique.

Exposition.

Si l'on opère au dehors, on organisera sous le pied de l'appareil, une petite tente (*fig.* 21, *p.* 99, afin de placer ses glaces dans le châssis sans qu'elles puissent recevoir les rayons lumineux.

Il est avantageux de placer immédiatement derrière la glace une feuille de papier blanc, ce qui rend l'exposition moins longue.

L'albumine est moins sensible que le collodion et l'est plus que le papier. On devra poser environ deux minutes pour un monument au soleil, et douze à quinze minutes à l'ombre.

Développement

Le développement de l'image peut se faire plusieurs heures après sa production dans la chambre noire.

Faire les deux solutions suivantes :

Eau distillée....................	500 gr.
Acide gallique...................	5

Eau distillée....................	100 gr.
Azotate d'argent................	5

Verser, au moment de développer, 100 gr. de la première solution et 10 gr. de la seconde dans une cuvette, que l'on agite, pour bien mélanger le liquide [1].

On plonge la glace dans ce bain d'un seul coup, sans temps d'arrêt.

L'image apparaît lentement, mais peu à peu ; après quinze ou vingt minutes, elle atteint une grande vigueur. Si pourtant elle restait terne, il

---

[1] On doit faire un nouveau bain pour chaque épreuve à développer.

faudrait, pour la renforcer, la retirer de la bassine, verser sur sa surface une petite quantité de la solution d'argent, et la remettre dans la cuvette pendant quelques instants. Enfin, on lave à grande eau.

Pour reconnaître, au développement, si le temps d'exposition a été exact, nous renvoyons à ce que nous avons dit, pour le collodion, page 46.

Fixage.

L'épreuve lavée est plongée dans un bassin contenant la dissolution suivante :

> Eau filtrée.................... 500 gr.
> Hyposulfite de soude............ 150

Après quinze minutes environ, les parties blanches sont devenues tranparentes; on retire la glace et on lave à grande eau.

L'épreuve, une fois sèche, est d'une telle solidité, qu'il est inutile de la vernir.

Si, après le fixage, l'image était trop transparente dans les noirs, on pourra la renforcer en y versant une petite quantité de la solution :

> Eau distillée.................. 100 gr.
> Bichlorure de mercure 5

On lave immédiatement à grande eau, on sèche, et l'on vernit, car cette opération a diminué la solidité de la couche d'albumine.

Épreuves positives par transparence.

Nous verrons, au chapitre suivant, que l'on fait, à l'albumine, des épreuves stéréoscopiques sur verre, positives par transparence.

Pour les obtenir, on albumine et sensibilise une glace, comme nous l'avons indiqué, et on la laisse complétement sécher.

On la place dans le châssis à reproduction au-dessous d'un cliché, comme s'il s'agissait d'obtenir un positif sur papier. On expose dix secondes au soleil ou trente secondes à l'ombre.

Après avoir retiré la glace, on la traite en la développant et la fixant, comme s'il s'agissait d'un cliché sur albumine.

Comme le verre qui sert de fond aux stéréoscopes est souvent défectueux et n'est pas d'un grain suffisamment fin, il est bon de donner l'aspect dépoli aux épreuves elles-mêmes, pour éviter la perception des objets environnants à travers les parties transparentes de l'épreuve.

Dans ce but, on forme un vernis composé de :

Alcool .... 100 gr.
Gomme laque blanche........... 6
Sandaraque 4

Dissoudre à chaud et filtrer.

On étend ce vernis sur la glace légèrement chauffée, comme nous l'avons dit pour le collodion. Il sèche immédiatement et donne sur toute l'image un grain très-fin, qui n'en détruit pas les finesses.

CHAPITRE IX

COLLODION ALBUMINÉ.

CHAPITRE IX

COLLODION ALBUMINÉ.

Le collodion humide possède une rapidité excessive, mais les essais pour l'employer à sec, pour les vues au dehors, ont été infructueux en ce sens, que la rapidité diminue considérablement et qu'il se manifeste souvent des taches qui perdent l'épreuve.

L'albumine, au contraire, donne, à l'état sec, des résultats excellents ; mais elle exige un temps de pose assez long, qui en interdit l'emploi pour les vues animées.

En combinant les deux procédés, M. Taupenot est parvenu à en réunir en partie les avantages et à rendre les résultats plus certains que par l'emploi du collodion sec.

Le collodion se prépare à la manière ordinaire ; on peut même se servir de vieux collodion, en ayant soin pourtant de l'éclaircir par l'addition d'éther et d'alcool, s'il était devenu trop épais.

La glace, parfaitement nettoyée, est collodionnée et sensibilisée dans le bain d'argent, à la manière ordinaire ; à la sortie de ce bain, on la plonge dans une cuvette contenant de l'eau distillée, on agite la plaque dans cette eau pour la bien laver ; puis on la retire et on y fait couler pendant une minute de l'eau distillée, en assez grande quantité pour la couvrir complétement.

Dans cet état, la couche collodionnée est très-peu sensible, mais on n'en doit pas moins faire cette opération à l'ombre, à la lueur d'une bougie, et de préférence la veille du jour où l'on doit opérer.

Après avoir fait égoutter la glace, on y verse l'albumine préparée suivant la formule donnée page 108, et on la laisse sécher dans une boîte pendant quelques heures : on pourrait, au besoin, la faire sécher tout de suite au feu ; mais la couche pourrait se fendiller.

Il est entendu que l'on apprêtera autant de glaces que l'on en aura besoin pour le lendemain ou les jours suivants ; car, dans cet état, elles sont peu sensibles à la lumière et se conservent bien pendant un mois au moins.

Avant de partir pour une excursion, on doit sensibiliser les glaces préparées comme ci-dessus. A cet effet, on prépare le bain suivant :

Eau distillée	300 gr.
Azotate d'argent cristallisable	25
Acide acétique cristallisable	15

Filtrer et verser dans une cuvette de porcelaine.

On plonge, avec les précautions ordinaires, la glace dans ce bain et on l'y laisse vingt secondes en hiver, ou dix secondes si l'on opère en été.

On lave de nouveau à l'eau distillée, et l'on conserve toutes ces glaces dans la boîte à rainures.

L'exposition à la chambre noire, qui varie nécessairement avec la grandeur de l'image et l'intensité de la lumière, est un peu plus longue que pour le collodion humide et beaucoup moins que pour l'albumine seule.

Pour le développement, qui peut se faire plusieurs heures après l'exposition à la chambre noire, nous renvoyons à ce que nous avons dit page 112, pour les épreuves sur albumine.

Suivant la manière dont l'épreuve apparaît au développement, on reconnaît si le temps de pose a été exact (voir page 46).

Le fixage est aussi le même que pour les épreuves sur albumine, c'est-à-dire que l'on emploie l'hyposulfite 30 p. 100. On doit ensuite plonger l'épreuve dans l'eau pendant dix minutes, pour la bien débarrasser de toute trace de ce sel, et la laver une dernière fois, en faisant courir sur toute sa surface un filet d'eau assez abondant. L'épreuve est terminée, car il n'est pas besoin de la vernir; l'albumine, comme nous l'avons vu, est assez solide pour résister au tirage des épreuves positives sur papier.

Il arrive parfois que dans les essais de collodion albuminé, il se produit des soulèvements, sortes de petites ampoules, soit à la seconde sensibilisation, soit lors du développement de l'image; cela peut dépendre d'un nettoyage imparfait de la glace et de l'humidité qu'on y avait laissée; on devra, en nettoyant, frotter, en dernier lieu, très-vigoureusement pour faire disparaître toute trace d'humidité.

Si cet accident se réitérait malgré cette précaution, on ajoutera au collodion une certaine quantité d'éther, ce qui lui donne la propriété d'adhérer plus fortement.

CHAPITRE X

ÉPREUVES STÉRÉOSCOPIQUES.

CHAPITRE X

ÉPREUVES STÉRÉOSCOPIQUES.

Stéréoscope.

On sait que les épreuves stéréoscopiques sont formées par deux images du même objet, prises à des points de vue différents.

Ces épreuves, placées dans le stéréoscope, produisent un admirable effet de relief.

Nous allons donner les procédés pour les obtenir, sans nous occuper de l'explication scientifique de ce phénomène.

Les deux images sont obtenues l'une après l'autre, en changeant la position de l'appareil, par le procédé au collodion.

Le modèle étant disposé en A (*fig.* 23), on place l'appareil en B à une distance de l'objet, suffisante pour que l'image soit de la grandeur convenable sur le verre dépoli. On fait une épreuve et on reporte l'appareil en C pour en faire une seconde.

L'appareil, dans ces deux positions, doit être à la même distance du sujet (la distance AB égale à

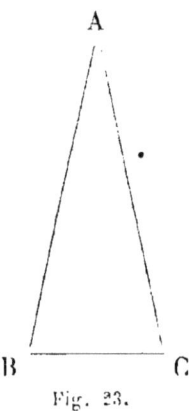

Fig. 23.

celle AC). Quand cette condition est remplie, il n'y a rien à changer dans la mise au point.

Quant à la distance entre les deux positions de l'appareil, elle doit être le quart de la distance des objectifs au modèle (la ligne AB quatre fois plus grande que celle BC.)

Pour les opérations dans l'atelier, il est facile de mesurer ces dimensions, mais pour les vues au dehors, il faut nécessairement opérer au jugé.

Si l'on s'écartait sensiblement de cette règle, on aurait une perspective faussée dans le stéréoscope.

On prend ordinairement les vues stéréoscopiques

en plein soleil pour poser le moins longtemps possible ; mais c'est un défaut ; car, dans les épreuves ainsi obtenues, les objets semblent couverts de neige, par suite de l'effet heurté des noirs et des blancs.

Dans ces conditions, l'image, vue au stéréoscope, semble être formée par des feuilles de carton découpées, placées à la suite les unes des autres et éclairées par des quinquets placés dans les coulisses.

Ce défaut, inhérent à l'instrument, est singulièrement amoindri avec une épreuve obtenue par un beau jour, mais sans soleil.

On ne devra donc prendre au soleil que les scènes animées qui exigent un temps de pose très-court, si l'on veut obtenir les personnages bien arrêtés, malgré leur mouvement.

Il faut avoir soin de poser de même pour les deux épreuves et de les traiter de la même façon, pour que les deux clichés soient semblables comme vigueur.

Les deux négatifs étant obtenus, si l'on veut les reporter en positifs sur papier, on opérera de la même manière que pour les épreuves ordinaires.

Il est bon de prendre le papier nécessaire aux deux épreuves dans la même feuille sensibilisée et de les traiter ensemble dans les mêmes bains, pour qu'elles soient bien semblables comme vigueur et comme couleur.

On découpe les épreuves sur papier et on les colle sur carte Bristol en calculant leur distance sur celle des verres du stéréoscope. Il est entendu qu'il faut, en collant les épreuves, leur conserver leurs places respectives.

Pour faire les épreuves stéréoscopiques sur verre albuminé, on coupe les clichés de façon à pouvoir les rapprocher suffisamment, et on les place sur la couche sèche d'albumine sensibilisée. On expose le tout quelques secondes au soleil et on développe l'épreuve à la manière ordinaire.

On coupe ces épreuves de la grandeur du fond du stéréoscope et on colle sur le contour du verre un papier noir formant une petite bordure.

CHAPITRE XI

MATÉRIEL POUR OPÉRER AU DEHORS SUR
COLLODION HUMIDE.

CHAPITRE XI

MATÉRIEL POUR OPÉRER AU DEHORS SUR COLLODION HUMIDE.

Tous les procédés que nous avons décrits pour opérer au dehors, sont assez inconstants, et, à moins d'une grande habitude, on n'est jamais bien sûr, en revenant chez soi pour développer ses images, d'en avoir une seule qui soit bonne.

Le procédé qui donne les résultats les plus certains est le collodion humide ; mais il a l'inconvénient de nécessiter le transport d'un matériel assez considérable. Nous avons donc cherché à réduire le plus possible le nombre des objets à emporter.

Un grand nombre d'expériences nous ont amené à la méthode que nous allons donner et qui réussira certainement à tout amateur qui la suivra rigoureusement.

Aidé par une seule personne, nous transportons

facilement tout ce qui nous est nécessaire et qui peut se résumer ainsi :

L'appareil [1] et le pied.
Une boîte contenant les objets dont nous allons donner la nomenclature.
Une couverture épaisse et de couleur foncée, ayant 3 mètres de long sur 2 de haut.

Une douzaine de glaces parfaitement nettoyées formant un paquet, que l'on place dans la cuvette au bain d'argent.

On met cette cuvette, avec les glaces qu'elle renferme dans la chambre noire de l'appareil, ainsi qu'un châssis à plaques, et quelques feuilles de papier de soie et à filtre.

Le voile noir est roulé et engagé entre les branches du pied replié (*fig.* 8, *p.* 14).

La couverture est simplement roulée et ficelée.

Enfin, la boîte munie d'une petite poignée, contient :

1 cuvette de faïence pour les eaux de lavage.
1 flacon contenant 200 grammes de bain d'argent.
1 flacon contenant 300 grammes de bain de fer.
1 flacon contenant 100 grammes de bain de cyanure (voir plus loin).

[1] Il doit porter une petite poignée pour la commodité du transport (*fig.* 17, *p.* 43).

1 petit flacon contenant 15 grammes d'alcool.
1 petit flacon contenant 50 grammes de bain de bichlorure de mercure.
1 flacon de collodion ioduré.
3 vases à expériences entrant l'un dans l'autre pour les bains de fer, d'argent, de cyanure.
Un entonnoir, une bougie, des allumettes, des clous et un marteau complètent le matériel.

Tous ces objets seront isolés et maintenus rigides dans la boîte, à l'aide de chiffons, pour éviter les chocs pendant le transport.

On trouve à peu près partout une petite table et une carafe d'eau ; mais si l'on devait opérer en pleine campagne, on ne devra pas oublier d'ajouter au matériel ci-dessus quelques bouteilles d'eau filtrée. La boîte peut, à la rigueur, servir de table.

Nous employons au dehors le cyanure de potassium [1], pour fixer les épreuves sur collodion ; nous évitons ainsi le transport d'une cuvette pour le bain d'hyposulfite.

Le bain de cyanure se compose de :

> Eau distillée..................... 100 gr.
> Cyanure de potassium............ 3

---

[1] Nous rappellerons que le cyanure de potassium est un poison très-violent, que l'on doit manier avec précaution. (Voir ce mot au vocabulaire.)

Après le développement, on verse une petite quantité de cette solution sur la plaque, le désiodage s'opère presque instantanément, et on lave ensuite comme à l'ordinaire.

Le fixage peut se faire indifféremment dans le cabinet obscur ou au dehors.

Quand on arrive dans le lieu où on doit opérer, on place une petite table le long d'un mur, dans un endroit un peu sombre et on cloue la couverture au-dessus, de façon à ce que, en tombant, elle entoure complétement et amplement toute la table. Un de ses côtés est fixé au mur et l'autre reste flottant pour servir de porte ; on s'assure, en se plaçant dessous sans lumière, qu'il ne pénètre aucun jour. On a ainsi un cabinet obscur organisé en quelques minutes. Nous avons opéré bien souvent d'une façon très-satisfaisante dans un cabinet de ce genre.

On place sur la table le châssis, la cuvette au bain d'argent, celle au lavage, les vases à expériences, contenant les bains de fer, d'argent et de cyanure, ainsi qu'une carafe d'eau filtrée.

On termine le nettoyage des glaces et on les collodionne au dehors de ce cabinet.

Le bain de fer, le renforcissant, le bain de cyanure et les eaux de lavage sont rejetés pour s'éviter le transport des flacons devant les contenir : c'est une perte, mais elle est bien minime.

Les clichés sont empaquetés en plaçant, entre chacun d'eux et aux angles, des bandelettes de papier fort pour éviter le contact de la couche de collodion sur la glace suivante. Il èst préférable de vernir les clichés chez soi.

Avant de partir pour opérer on devra faire une expérience pour s'assurer de la bonté de ses produits. On devra aussi relire notre nomenclature et s'asrer que l'on n'oublie rien, car le moindre objet omis peut empêcher d'opérer, quand on est loin de chez soi.

CHAPITRE XII

ÉPREUVES INALTÉRABLES AU CHARBON.

CHAPITRE XII

ÉPREUVES INALTÉRABLES AU CHARBON.

La photographie est parvenue à un degré de perfection qu'il semble difficile de dépasser, mais malheureusement l'expérience a démontré que les épreuves, formées par un mince voile d'argent, pâlissent après quelques années et menacent de disparaître.

On conçoit que les photographes se soient efforcés de remédier à ce vice capital qui compromet singulièrement leur art, car les amateurs sensés hésitent à faire collection d'épreuves photographiques, avec la perspective que ces images perdront tous les jours de leur valeur.

Pour atteindre ce but on a dû abandonner complétement les sels d'argent et chercher à produire les ombres des images avec un corps analogue à l'encre d'impression dont la durée est illimitée.

Les procédés que nous allons décrire donnent des épreuves très-remarquables, mais qui sont encore loin, comme finesse et comme modelé, de celles obtenues par le chlorure d'argent.

Procédé Salmon et Garnier.

On fait dissoudre 30 grammes de sucre blanc dans la même quantité d'eau ; on verse cette dissolution sur 7 grammes 1/2 de bichromate d'ammoniaque neutre et pulvérisé ; on agite le mélange jusqu'à dissolution ; enfin on ajoute 10 grammes d'albumine préalablement battue et reposée. On agite le tout pour qu'il soit bien homogène et l'on passe à travers un linge fin. Cette mixture doit être enfermée dans un flacon à large ouverture entouré d'un papier noir et conservé dans l'obscurité.

On imbibe de la mixture précédente une forte brosse en blaireau doux et on la passe sur une feuille de papier, en cherchant à lui donner une couche aussi régulière que possible sans stries produites par les poils du pinceau.

On sèche la feuille en en présentant l'envers devant un feu doux. Le séchage se fait promptement et est suffisant quand, en passant le doigt légèrement sur la couche il glisse bien, quoique la couche paraisse un peu poisseuse en appuyant.

On expose le papier à la lumière sous un cliché comme pour les papiers argentés; après un quart d'heure d'exposition environ, l'image est apparue faiblement en jaune; on la place horizontalement sur une planchette, et on la couvre, à l'aide d'un pinceau sec, de noir d'ivoire en poudre impalpable. Cette poudre adhère sur toute la surface de l'image; on l'égalise avec un petit tampon de coton.

On place avec précaution l'image, la couche en dessus, dans un bain d'eau. Les parties de mixture qui n'ont pas subi l'action des rayons lumineux (les clairs de la nature), se dissolvent dans l'eau et entraînent le noir. Les parties impressionnées, au contraire (les noirs de la nature), sont devenues insolubles dans l'eau, et par conséquent restent fixes en conservant le noir d'ivoire qui y adhère.

Quand les blancs paraissent suffisamment nettoyés, on enlève avec précaution l'épreuve du bain et on la place, l'image en dessus, sur un cahier de papier buvard où on la laisse sécher en partie; quand elle n'est plus qu'humide, on termine le séchage devant un feu doux. Dans cet état, l'image est très-solide, mais les blancs ne sont pas suffisamment dépouillés et possèdent une teinte jaune sale que l'on fait disparaître en plongeant l'épreuve dans le bain suivant :

Eau .... 300 gr.
Eau saturée d'acide sulfureux..... 15

Les blancs y reprennent tout leur éclat, et il ne reste, pour terminer l'épreuve, qu'à la laver de nouveau à l'eau pure et à la laisser sécher.

Procédé Poitevin.

M. Poitevin a décrit très-brièvement son procédé sans donner les dosages. Nous ne pouvons qu'en donner une idée ; mais, après quelques expériences, l'expérimentateur suppléera par lui-même à l'absence de détails.

Faire dissoudre de la gélatine dans de l'eau et y ajouter du bichromate de potasse. Étendre ce mélange sur une feuille de papier, à l'aide d'un pinceau, et, quand la couche est sèche, exposer à la lumière solaire derrière un cliché.

Au sortir du châssis à reproduction, la feuille reçoit, à l'aide d'un rouleau ou d'un tampon, une couche d'encre grasse semblable à celle qu'emploient les lithographes, mais moins épaisse, puis on la plonge dans l'eau. Toutes les parties qui n'ont pas été impressionnées par la lumière abandonnent le corps gras, tandis que les autres en retiennent des quantités proportionnelles à celles de la lumière qui a traversé le cliché.

Il en résulte nécessairement une image constituée par l'encre d'imprimerie, c'est-à-dire par le charbon, qui, comme on le sait, résiste à tous les agents atmosphériques et même aux acides énergiques.

Un second procédé de M. Poitevin consiste à ajouter des couleurs, solides ou liquides, à la dissolution sensible (gélatine et bichromate). Après la production de l'image sous le cliché, on lave avec une éponge fine imbibée d'eau ; les parties non impressionnées se dissolvent, et les parties impressionnées, devenues insolubles, restent fixes. Le dessin se trouve produit par la couleur que l'on a employée.

Procédé A. de Brébisson.

Faire dissoudre 6 ou 7 grammes de belle gélatine dans 100 grammes d'eau saturée de bichromate de potasse dans une bassine de porcelaine chauffée avec la flamme d'une lampe à alcool. Sur cette solution, faire flotter quelques secondes la feuille de papier à sensibiliser, l'enlever et la laisser sécher dans l'obscurité en la suspendant par un angle.

Placer cette feuille sous un cliché et exposer à la lumière pendant un temps quatre fois moindre que celui qu'exigerait un papier argenté.

Fixer dans l'obscurité cette épreuve, sur une planchette, au moyen de punaises, et la frotter légèrement avec un tampon de coton préalablement posé sur du noir de fumée bien sec. Frotter légèrement le tampon pour avoir une couche bien régulière sur toute la surface de l'image.

On place la feuille dans une bassine, la couche en dessus, et on verse de l'eau bouillante; le noir se détache des parties de l'épreuve qui doivent être blanches; on facilite ce dépouillement à l'aide d'un pinceau très-doux que l'on promène sur l'image. On la termine en la lavant à grande eau.

CHAPITRE XIII

GRAVURE PHOTOGRAPHIQUE (HÉLIOGRAPHIE).

CHAPITRE XIII

GRAVURE PHOTOGRAPHIQUE (HÉLIOGRAPHIE).

Le tirage des épreuves positives sur papier est une opération longue, délicate et coûteuse, ce qui empêche la vulgarisation de la photographie et restreint son emploi dans la librairie.

La gravure photographique permettrait de tirer à la presse une grande quantité d'épreuves inaltérables, régulières, et d'un prix très-modique ; aussi un grand nombre d'amateurs s'en sont occupés, et, si le problème n'est pas complétement résolu, on peut espérer qu'il est bien près de l'être.

Un fait curieux à signaler, c'est que Nicéphore Niepce, l'inventeur de la photographie, se proposait, dans ses premières recherches, de graver les images de la chambre noire ; mais, quand il s'associa à Daguerre, celui-ci renonça à la gravure et ne chercha qu'à produire une image unique.

La photographie, après avoir été considérablement perfectionnée par l'emploi de l'albumine et du collodion, est donc revenue à son point de départ ; car maintenant chacun comprend que la gravure photographique est le plus beau problème qu'il reste à résoudre dans cet art.

Nous allons successivement passer en revue les procédés connus, en commençant par ceux de Niepce, qui, le premier, est parvenu à fixer les images de la chambre noire.

Procédé Nicéphore Niepce.

Voici ce procédé, tel qu'il a été décrit par l'auteur :

« La lumière, dans son état de composition et de décomposition, agit chimiquement sur les corps. Elle est absorbée, elle se combine avec eux, et leur communique de nouvelles propriétés. Ainsi elle augmente la consistance naturelle de quelques-uns de ces corps ; elle les solidifie même et les rend plus ou moins insolubles, suivant la durée ou l'intensité de son action. Tel est, en peu de mots, le principe de la découverte.

« La substance ou matière première que j'emploie,

celle qui m'a le mieux réussi et qui concourt plus immédiatement à la production de l'effet, est l'asphalte ou bitume de Judée, préparé de la manière suivante :

« Je remplis à moitié un verre de ce bitume pulvérisé. Je verse dessus, goutte à goutte, de l'huile essentielle de lavande jusqu'à ce que le bitume n'en absorbe plus, et qu'il en soit seulement bien pénétré. J'ajoute ensuite assez de cette huile essentielle pour qu'elle surnage de 3 lignes environ au-dessus du mélange, qu'il faut couvrir et abandonner à une douce chaleur, jusqu'à ce que l'essence ajoutée soit saturée de la matière colorante du bitume. Si ce vernis n'a pas le degré de consistance nécessaire, on le laisse évaporer à l'air libre, dans une capsule, en le garantissant de l'humidité qu'il attire et qui finit par le décomposer. Cet inconvénient est surtout à craindre, dans la saison froide et humide, pour les expériences faites dans la chambre noire.

« Une petite quantité de ce vernis appliqué à froid, avec un tampon de peau très-douce, sur une planche d'argent plaqué bien poli, lui donne une belle couleur vermeille et s'y étend en couche mince et très-égale.

« On place ensuite la planche sur un fer chaud recouvert de plusieurs doubles feuilles de papier, dont on enlève ainsi préalablement l'humidité ; et lorsque le vernis ne poisse plus, on retire la planche pour la laisser refroidir et finir de sécher à une température douce, à l'abri du contact de l'air humide. Je ne dois pas oublier de faire observer à ce sujet que c'est principalement en appliquant le vernis que cette précaution est indispensable.

« Dans ce cas, un disque léger, au centre duquel est fixée une tige, que l'on tient à la bouche, suffit pour arrêter et condenser l'humidité de la respiration.

« La planche ainsi préparée peut être immédiatement soumise aux impressions du fluide lumineux ; mais, même après y avoir été exposée assez de temps pour que l'effet ait lieu, rien n'indique qu'il existe réellement, car l'empreinte reste inaperçue. Il s'agit donc de la dégager, et l'on n'y parvient qu'à l'aide d'un dissolvant.

« Comme le dissolvant doit être approprié au résultat que l'on veut obtenir, il est difficile de fixer avec exactitude les proportions de sa composition ; mais, toutes choses égales d'ailleurs, il vaut mieux qu'il soit trop faible que trop fort. Celui que j'emploie de préférence est composé de 1 partie, non pas en poids, mais en volume, d'huile essentielle de lavande, sur 10 parties, même mesure, d'huile de pétrole blanche; le mélange, qui devient d'abord laiteux, s'éclaircit parfaitement au bout de deux ou trois jours. Ce composé peut servir plusieurs fois de suite; il ne perd sa propriété dissolvante que lorsqu'il approche du terme de saturation, ce qu'on reconnaît parce qu'il devient opaque et d'une couleur très-foncée; mais on peut le distiller et le rendre aussi bon qu'auparavant.

« La plaque ou planche vernie étant retirée de la chambre obscure, on verse dans un vase de fer-blanc de 1 pouce de profondeur, plus long et plus large que la plaque, une quantité de dissolvant assez considérable pour que la plaque en soit totalement recouverte. On la plonge dans le liquide, et, en la regardant sous un certain angle, dans un faux jour, on voit l'empreinte apparaître et se découvrir peu à peu, quoique encore voilée par l'huile qui surnage, plus ou moins saturée de vernis. On enlève alors la plaque, et on la pose verticalement pour laisser bien égoutter le dissolvant. Quand il ne s'en échappe plus, on procède à la dernière opération, qui n'est pas la moins importante.

« Pour le lavage, il suffit d'avoir un appareil composé d'une planche de 4 pieds de long et plus large que la plaque. Cette planche est garnie, sur champ, de deux linteaux bien joints, faisant une saillie de 2 pouces. Elle est fixée à un support par son extrémité supérieure, à l'aide de charnières qui permettent de l'incliner à volonté, pour donner à l'eau que l'on verse le degré de vitesse nécessaire. L'extrémité inférieure de la planche aboutit à un vase destiné à recevoir le liquide qui s'écoule.

« On place la plaque sur cette planche inclinée, on l'empêche de glisser en l'appuyant contre deux petits crampons qui ne doivent pas dépasser l'épaisseur de la plaque. Il faut avoir soin, en hiver, de se servir d'eau tiède. On ne la verse pas sur la plaque même, mais au-dessus, afin, qu'en y arrivant, elle fasse nappe et enlève les dernières portions d'huile adhérente au vernis. C'est alors que l'empreinte se trouve complètement dégagée, et partout d'une grande netteté, si l'opération a été bien faite, et surtout si l'on a pu disposer d'une chambre noire perfectionnée. »

Les épreuves obtenues par Niepce et que l'on conserve encore aujourd'hui sont évidemment faites par ce procédé. Il ne restait, quand le vernis était sec, qu'à verser sur la planche de l'eau acidulée qui attaquait les parties découvertes (les noirs) de l'image.

L'inconvénient capital de ce moyen, c'était le temps considérable qu'exigeait l'impression lumineuse dans la chambre noire. Il fallait au moins dix heures pour que la plaque fût suffisamment impressionnée; pendant ce temps, le soleil déplaçait les ombres, et il était impossible d'obtenir quelque chose de parfait.

Maintenant, grâce aux clichés sur verre ou sur papier, cet obstacle serait levé; mais il y a encore d'autres vices dans ce procédé; la couche de vernis ne peut être ni assez régulière ni assez mince, en employant un tampon ou un rouleau. Le vernis, dans les parties qui doivent résister à l'acide, se laisse traverser, et, si l'on emploie un vernis plus épais, il devient impossible de découvrir les noirs par un dissolvant.

Nous allons voir les modifications que M. Niepce de Saint-Victor a fait subir au procédé de son oncle.

Procédé de M. Niepce de Saint-Victor.

On forme un vernis composé de :

Benzine anhydre	90 gr.
Essence de zeste de citron pure	10
Bitume de Judée pur	2

Pour rendre la benzine anhydre, ou plutôt, pour la dessécher, il suffit de mettre du chlorure de calcium dans le flacon qui la contient et de l'y laisser quelque temps en l'agitant; on peut l'employer quarante-huit heures après.

La benzine qui contient de l'eau ne donne pas une belle couche de vernis ; elle est dans ce cas toute sillonnée.

Ce vernis, qui est très-fluide, a l'avantage de donner une couche mince, circonstance favorable pour l'accélération dans l'effet produit par la lumière.

Pour la reproduction de gravures au trait, on pourrait augmenter de 1 gramme ou 2 la quantité de bitume. On aurait ainsi plus de solidité dans le vernis, qui se laisserait moins traverser par l'eau forte ; mais si l'on se servait d'un vernis épais pour une image photographique, où se trouvent des demi-teintes, ces teintes ne viendraient pas à la morsure.

La planche d'acier bien plane étant parfaitement nettoyée, à l'aide d'un mélange d'alcool et de potée d'émeri très-fine, on y verse le vernis comme nous l'avons indiqué pour le collodion. On reverse l'excédant dans un autre flacon ; on essuie le bord inférieur pour que le vernis, en remontant, ne double pas l'épaisseur de la couche, et l'on place la plaque le long du mur, pendant quelques minutes, après lesquelles le vernis est sec ; car l'évaporation de la benzine et de l'essence est très-rapide.

La couche ainsi obtenue est infiniment plus régulière et plus mince que par l'emploi d'un rouleau ou d'un tampon.

Le vernis n'étant pas très-sensible, on peut, sans inconvénient, l'étendre à la lumière diffuse ; mais on doit conserver la planche vernie dans l'obscurité, pour la laisser sécher.

Le vernis ne poissant plus, on y applique une gravure ou une épreuve photographique sur papier, et l'on serre le tout dans un châssis à reproduction. Il est inutile de vernir ou de cirer l'épreuve à reproduire ; l'action de la lumière est plus lente, mais le résultat est meilleur.

On peut aussi se servir d'une épreuve positive sur glace albuminée, mais il faut alors avoir une plaque d'acier parfaitement plane, et il est difficile de s'en procurer.

L'exposition à la lumière varie considérablement avec l'intensité des rayons, l'épaisseur du papier de l'épreuve et la sensibilité du vernis ; il faut ordinairement d'un quart d'heure à une heure pour que l'effet soit produit.

On retire la plaque et on y verse le dissolvant suivant :

> Huile de naphte rectifiée....... 4 parties.
> Benzine ordinaire............ 1 —

L'image apparaît sous l'action de ce liquide qui dissout et enlève le vernis dans les parties non impressionnées par la lumière (les ombres), tandis que celles impressionnées sont devenues insolubles.

Plaçant immédiatement la planche sous le robinet d'une fontaine, on y fait courir un fort filet d'eau, pendant une ou deux minutes.

On redresse la planche le long du mur, la couche de vernis en dessus, l'eau s'écoule ; mais, s'il restait quelques bulles d'eau adhérentes au vernis, on devrait les chasser à l'aide d'un soufflet.

On fait sécher le vernis à l'air, ou en chauffant doucement la planche, et les opérations héliographiques sont terminées.

Si l'on a reproduit une gravure par lignes et si l'on s'est servi d'un vernis assez épais, il ne reste plus qu'à verser sur la planche une eau acidulée d'acide azotique (10 p. 100); en la laissant pendant quatre ou cinq minutes, les traits se creusent suffisamment pour retenir le noir d'impression et fournir de bonnes épreuves.

Mais si l'on reproduit une épreuve photographique par teintes, telle qu'un portrait, comme on a dû nécessairement employer un vernis très-clair pour avoir des demi-teintes, ce vernis pourrait ne pas résister à l'action prolongée de l'acide ; pour le solidifier, on expose la plaque pendant quelques instants à l'action des vapeurs d'essence de lavande ou d'aspic, vapeurs que l'on produit en chauffant une de ces essences dans une capsule, à l'aide d'une faible lampe à alcool.

Il faut encore appliquer sur toute la surface de la planche un grain d'*aqua-tinte*. L'utilité de ce grain est de permettre d'encrer la planche qui, sans cela, ne pourrait l'être que très-imparfaitement, attendu qu'elle ne retiendrait pas l'encre nécessaire pour donner une bonne épreuve à l'impression en taille-douce.

Comme il faut une boîte spéciale pour la pose de ce grain, on devra le faire poser par un artiste.

M. Berchtold a proposé de former sur les planches destinées à la gravure héliographique un grain artificiel par l'action de la lumière même, aussitôt après l'exposition et avant le lavage de l'épreuve.

On obtient ce grain en appliquant sur la planche, après l'impression lumineuse de l'image photographique, une glace enduite d'une substance imperméable à la lumière, sur laquelle on a tracé et enlevé à la pointe une multitude de lignes fines et parallèles, et l'on expose de nouveau à la lumière. Là où le bitume est devenu insoluble, il ne se fait aucune action nouvelle ; les raies se produisent au contraire sur les parties solubles du vernis, avec une intensité qui va croissant, en raison inverse du degré d'insolation. On change la glace de sens, successivement de tous côtés, en diminuant chaque fois le temps de pose, et il se fait ainsi un grain qui facilite beaucoup la morsure par l'acide.

GRAVURE PHOTOGRAPHIQUE. 159

Procédé Nègre.

M. Ch. Nègre emploie une méthode qui diffère en plusieurs points de la précédente. Il emploie un négatif et opère, pour l'exposition et le développement, comme M. Niepce. Les parties noires sont couvertes par le vernis, et les parties blanches sont au contraire découvertes. Il recouvre ces dernières d'une couche d'or par la galvanoplastie ; les demi-teintes ne sont que partiellement atteintes par la dorure, et les noirs en sont presque entièrement préservés par le vernis, pas assez cependant pour qu'il ne s'y dépose un faible réseau d'or qui vient précisément former le grain nécessaire. On nettoie parfaitement la planche, d'abord à l'essence, puis au blanc et l'on y verse de l'eau acidulée qui mord sur l'acier à l'endroit des ombres et n'attaque pas les lumières protégées par la couche d'or inattaquable.

Procédé Talbot.

On prépare la substance sensible de la manière suivante : On fait dissoudre 1 partie de bonne gélatine dans 20 parties d'eau ; on y ajoute 4 parties d'eau saturée de bichromate de potasse, et l'on filtre le mélange à travers un linge fin.

On verse cette substance sur la plaque préalablement bien dégraissée, on l'étend bien régulièrement, par quelques mouvements de la plaque, et l'on reverse l'excédant dans un flacon. On tient alors la plaque au-dessus d'une lampe à alcool qui fait bientôt sécher la gélatine, et celle-ci reste comme une couche mince, d'une couleur jaune pâle, généralement bordée de quelques bandes étroites des couleurs du prisme. On expose cette plaque sous une épreuve positive, pendant quelques minutes au soleil, ou une demi-heure à l'ombre; en retirant l'épreuve, on remarque que partout où la lumière a agi, la couleur jaune de la gélatine a tourné au brun. D'après M. Talbot, il n'est pas nécessaire de laver la plaque, à sa sortie du châssis; mais on conçoit que les opérations suivantes doivent être faites dans l'obscurité.

Si l'on a reproduit une gravure au trait, il ne reste plus qu'à verser le mordant dont nous donnons plus loin la composition. Pour une épreuve par teintes fondues, on devra faire un grain d'aqua-tinte ou un grain factice, par le procédé de M. Berchtold.

Pour préparer le mordant, on sature de l'acide chlorhydrique avec du peroxyde de fer, autant qu'il en peut dissoudre, à l'aide de la chaleur. Après avoir filtré la solution, afin de la débarrasser des impuretés, on la fait évaporer jusqu'à ce qu'elle ait considérablement diminué de volume ; on la conserve dans des flacons, et, par le refroidissement, elle se solidifie en une masse brune demi-cristalline. On bouche alors exactement les flacons, car cette substance tombe promptement en déliquescence, en absorbant l'humidité de l'atmosphère.

On fait dissoudre le plus possible de cette substance dans 50 grammes d'eau, et, une fois cette dissolution saturée, on l'étend de 10 grammes d'eau ; c'est ce qui constitue le mordant. On pourrait en avoir un plus faible et un plus fort pour opérer plus sûrement la morsure.

Le mordant, étant répandu sur la plaque, pénètre la gélatine partout où la lumière n'a pas exercé son action ; mais il refuse de pénétrer les parties sur lesquelles la lumière a suffisamment agi. Après une minute environ, la gravure commence à se faire ; on le reconnaît en ce que les parties gravées tournent au sombre, au brun, et au noir ; bientôt cet effet se répand sur toute la plaque ; après trois ou quatre minutes, la gravure doit être suffisamment creuse ; on la porte sous le robinet d'une fontaine, pour la débarrasser de l'acide, on l'essuie avec un linge doux et on la frotte avec du blanc d'Espagne et de l'eau pour enlever la gélatine.

CHAPITRE XIV

PHOTOGRAPHIE SUR PIERRE (LITHOPHOTOGRAPHIE).

CHAPITRE XIV

PHOTOGRAPHIE SUR PIERRE (LITHOPHOTOGRAPHIE).

Nous empruntons à l'excellent ouvrage de MM. Barreswil et Davanne les procédés qui leur sont communs avec MM. Lemercier et Lerebours.

« Pour obtenir sur pierre, par la photographie, une image qui présente les mêmes propriétés que le dessin lithographique, il faut une substance qui réunisse les conditions suivantes :

« Former sur la pierre une couche uniforme et régulière.

« Etre sensible à la lumière, de telle sorte qu'un lavage ultérieur puisse mettre à nu toutes les parties blanches du dessin, et dégager les demi-teintes.

« Conserver assez d'adhérence sur la pierre pour préserver celle-ci de l'action du mordant.

« Enfin présenter un enduit susceptible de recevoir l'encre lithographique ordinaire.

« Le bitume de Judée, primitivement employé par Nicéphore Niepce et resté depuis sans application à la photographie, nous a paru réunir toutes ces conditions, et nous sommes parvenus en effet, par les procédés qui nous sont communs avec MM. Lemercier et Lerebours, à obtenir, au moyen de cette substance, des épreuves d'une grande finesse et d'une vigueur remarquable ; nous conseillons d'opérer de la manière suivante :

« On prend une certaine quantité de bitume, que l'expérience seule peut déterminer, puisque la solubilité de tous les bitumes diffère sensiblement. On le broie en poudre fine, et on en fait une dissolution dans l'éther. Cette dissolution éthérée doit être faite de telle sorte que, répandue sur la pierre, elle y laisse une couche très-mince, régulière et formant non pas un vernis, mais ce que les graveurs appellent un grain : en observant la pierre avec une loupe, on doit constater que cette couche présente sur toute sa surface une sorte de cassure régulière et des sillons où la pierre est mise à nu. La finesse de ce grain, que l'on obtient parfait, avec un peu d'habitude, dépend beaucoup de l'état de sécheresse de la pierre, de la température qui doit être assez élevée pour produire une volatilisation rapide, enfin de la concentration de la liqueur.

« Il nous paraît que l'on facilite la formation du grain, en ajoutant à l'éther une faible proportion d'un dissolvant moins volatil que celui-ci.

« La dissolution de bitume ainsi préparée, on prend une pierre lithographique ordinaire, on la met parfaitement de niveau sur un pied à caler, on y passe un blaireau pour enlever la poussière, et l'on y verse, après avoir filtré, la quantité de liquide nécessaire pour couvrir toute la surface : l'excédant déborde et tombe de chaque côté, et, pour empêcher le retour du liquide sur lui-même, ce qui formerait double épaisseur, on passe sur les arêtes de la pierre une baguette de verre qui facilite l'écoulement.

« On doit éviter, pendant toute cette opération, la moindre agitation de l'air, provoquée, soit par l'haleine, soit par des mouvements trop brusques du corps, qui produiraient des ondulations sur la surface du liquide ; le bitume serait alors d'inégale épaisseur, et l'opération devrait être recommencée.

« Lorsque la couche est parfaitement sèche, on y applique un négatif obtenu par un procédé quelconque, sur verre albuminé ou collodionné, et on ex-

pose à une vive lumière pendant un temps plus c
moins long que l'expérience peut seule indique
Quand on juge l'opération terminée, on enlève
négatif et l'on lave la pierre à l'éther.

« Partout où la lumière a pu traverser, le bitun
devenu insoluble reste sur la pierre ; il se dissou
au contraire, partout où il a été protégé par les noi
du négatif. Si le temps de pose a été trop cour
l'image sur la pierre est trop légère et n'offre p
de demi-teintes ; s'il a été trop prolongé, l'ima;
est lourde et les finesses sont perdues. Le lavage
l'éther doit être fait largement ; sans quoi, il se fc
merait des taches que l'on ne pourrait plus enlev(

« L'épreuve, bien réussie et sèche, reçoit alors l
mêmes préparations qu'une épreuve faite au cray(
lithographique, elle est d'abord acidulée à l'aci
faible, additionné de gomme, pour ménager l
blancs et donner plus de transparence au dessi
lavée ensuite à grande eau, ou, s'il y a lieu, à l'(
sence de térébenthine, et enfin encrée avec l'enc
lithographique ordinaire. Une pierre bien prépar(
convenablement acidulée, dont le bitume n'a p
été brûlé par une exposition trop longue, doit pre
dre l'encre immédiatement quand on passe le ro

leau, et donner un dessin d'un grain serré et régulier, sans qu'il soit nécessaire d'y faire la moindre retouche. On tire avec cette pierre, comme avec toute autre pierre lithographique ; le dessin s'améliore beaucoup au tirage, il devient plus transparent et plus brillant. On peut obtenir un même nombre d'épreuves qu'avec le procédé ordinaire de la lithographie ; jusqu'ici nous n'avons pas vu une seule pierre qui fût fatiguée, bien que nous en ayons préparé un grand nombre, et que nous ayons eu l'occasion de faire des tirages assez considérables. »

Procédé Poitevin.

M. Poitevin a décrit ainsi son procédé : « Pour préparer les pierres lithographiques, j'applique à leur surface un mélange de matière organique (gomme, gélatine ou albumine) et de dissolution concentrée et à volume égal de chromate et de bichromate de potasse. Après dessiccation de la couche sensible, je place le cliché du dessin à reproduire et j'expose à la lumière ; puis je recouvre la pierre d'une couche uniforme d'encre lithographique, au moyen d'un rouleau ou d'un tampon ; en mouillant ensuite à l'éponge et passant le même rouleau, l'encre disparaît. Le dessin s'égalise, en lui faisant subir les opérations lithographiques ordinaires, c'est-à-dire l'enlevage à l'essence et le réencrage au rouleau ; il est ensuite gommé, encré de nouveau, et acidulé, puis soumis à l'impression ordinaire. »

CHAPITRE XV

PHOTOGRAPHIE SUR BOIS.

CHAPITRE XV

PHOTOGRAPHIE SUR BOIS.

On sait que la gravure sur bois s'exécute sur du bois taillé debout; la surface du bois est blanchie et l'on y dessine au crayon le dessin qui doit être gravé.

On s'est proposé de remplacer le travail du dessinateur par la photographie. Ce problème qui, au premier abord, paraît très-simple, offre au contraire bien des difficultés dans la pratique. Il ne faut pas que le bois soit altéré par les produits chimiques employés. Il ne doit pas non plus y avoir une couche épaisse entre le bois et la photographie, sans quoi cet empâtement gênerait le travail du graveur.

On a imaginé divers moyens pour parer à ces inconvénients ; nous allons en donner la description.

Procédé Lallemand.

M. Lallemand, dans un rapport à l'Académie des sciences, déclare avoir résolu ce problème ; voici comment il décrit son procédé : « Le bois, après avoir été posé seulement, dans toute sa surface, sur une dissolution d'alun, et séché, reçoit sur toutes ses faces, au moyen d'un blaireau, un encollage composé de savon animal, de gélatine et d'alun. Lorsque cet encollage est bien sec, la partie qui doit recevoir l'image est posée, pendant quelques minutes, sur une dissolution de chlorhydrate d'ammoniaque. On la laisse ensuite sécher, puis on place le bois sur un bain d'azotate d'argent (à 20 p. 100). Après avoir laissé sécher la planche, on y applique un cliché sur glace ou sur papier, au moyen d'un châssis spécial qui permet de surveiller les progrès de la reproduction. Quand l'image est arrivée à un état satisfaisant, on la fixe, en employant un bain saturé d'hyposulfite de soude. Quelques minutes suffisent pour que le fixage soit complet. Ensuite on lave pendant cinq minutes seulement. »

Procédé Contencin.

Un graveur, M. Contencin, a présenté à la Société photographique de Londres un procédé au moyen duquel il a réussi à reproduire sur bois, pour les graver ensuite, des clichés photographiques sur verre collodionné. Sa méthode est simple, et il la pratique depuis plusieurs années avec avantage.

On verse à deux ou trois reprises sur le bois, jusqu'à ce qu'il cesse d'absorber le liquide, un vernis composé de gomme dammarine dissoute dans la benzine : mais il ne faut pas laisser séjourner ce vernis à la surface, le but que l'on se propose d'atteindre étant seulement de saturer les tissus fibreux. On place ensuite le bois sur le côté pour le laisser égoutter : on l'enduit alors avec une composition blanche analogue à celle que les graveurs emploient pour dessiner. Le blanc de zinc est excellent pour cet usage. On étend cette composition à l'aide d'un pinceau en poils de chameau, en ayant soin d'en enlever l'excédant. Lorsque cette couche est sèche, on verse de nouveau sur le bois le vernis dont nous parlons plus haut, et l'on applique sur la surface ainsi préparée une solution composée de :

$$\text{Gélatine} \dots \dots \dots \dots \dots 0^{gr},8$$
$$\text{Chlorure de sodium} \dots \dots \dots 1^{gr},3$$
$$\text{Eau} \dots \dots \dots \dots \dots \dots \dots 30 \text{ gr.}$$

Pour rendre cette couche sensible à la lumière, on

place le bois, la face en dessous, dans une cuvette contenant un bain d'azotate d'argent (5 grammes environ pour 30 grammes d'eau), en ayant soin de l'empêcher de toucher au fond du vase, au moyen de petites bandes de verre. De cette manière, une petite quantité de la solution sensibilisatrice suffit, ce qui est important, car le blanc détériore assez rapidement le bain, qu'il faut renouveler.

On expose le bois dans un châssis ordinaire dont on a enlevé le fond, ou bien on place simplement le négatif sur la surface préparée.

Pour l'impressionnement, la quantité de gélatine a une grande importance. Si elle est trop faible, l'image ne pourra pas dépasser un ton gris sans vigueur. Il faut observer que l'azotate d'argent, restant à la surface du bois et n'agissant nullement sur ce dernier, n'aura d'action que sur la gélatine, qui doit être par conséquent suffisamment abondante. D'un autre côté, si la proportion de gélatine est trop forte, l'ensemble de la couche aura trop d'épaisseur.

Les opérations qui suivent l'exposition sont les mêmes que pour le tirage des épreuves sur papier. On fait virer l'image au chlorure d'or et l'on fixe à l'hyposulfite faible, en surveillant attentivement cette dernière manipulation. Un dernier lavage dans une eau courante termine complétement l'épreuve.

Les négatifs employés pour cette application doivent être bien dégradés et vigoureux sans excès. Ils doivent être exécutés en plaçant le côté du verre non collodionné en regard de l'objectif ; autrement on aurait, en dernier lieu, une image renversée.

Le travail du graveur se fait ensuite très-facilement sur les dessins ainsi obtenus, et la couche n'a pas l'inconvénient de s'écailler sous le burin comme cela arrivait dans la plupart des essais tentés précédemment.

Procédé Baroux.

M. Baroux, l'artiste qui s'est chargé de la gravure de nos figures, a imaginé un procédé de photographie sur bois qui nous paraît réunir toutes les conditions nécessaires à la gravure, mais il ne l'a pas encore livré à la publicité.

Ses résultats se distinguent de ceux analogues, en ce que le bois reste parfaitement sain et ne change pas de couleur. Il obtient à volonté le noir ou le bistre, selon le goût du graveur, tout en conservant un très-beau blanc dans les lumières; l'image est très-résistante, enfin le travail de la gravure n'est gêné par aucun empâtement.

Nous avons fait clicher la figure suivante qu'il a gravée d'après une de ses photographies. Nous nous

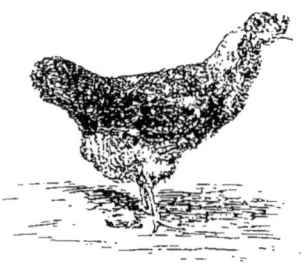

Fig. 24.

sommes ainsi assuré de la possibilité du clichage malgré les bains et les lavages que doit nécessairement subir le bois.

ABRÉGÉ

DE

CHIMIE PHOTOGRAPHIQUE

ABRÉGÉ

DE

CHIMIE PHOTOGRAPHIQUE

Il est indispensable d'avoir certaines connaissances élémentaires en chimie, pour pratiquer avec fruit les leçons que nous avons données dans les pages qui précèdent, et pour remédier à tous les insuccès qui peuvent se présenter dans la pratique de la photographie.

Nous allons, dans ce chapitre, exposer les principes sur lesquels reposent les phénomènes qui se produisent sous les yeux du photographe dans le cours de ses opérations. Dans le chapitre suivant, disposé sous forme de vocabulaire, nous verrons les caractères distinctifs de tous les corps employés en photographie, leurs fonctions, ainsi que la manière de les préparer ou de juger de leur pureté.

Mais nous devons avant tout décrire certaines manipulations qu'il faut connaître pour l'intelligence de ce qui va suivre.

Les produits chimiques, employés en photographie, le sont le plus souvent en *dissolution*. *Dissoudre* un corps consiste à le faire disparaître dans un liquide qui acquiert ainsi la propriété du corps dissous.

On dit qu'une dissolution est *saturée* d'un corps lorsqu'elle ne peut plus en dissoudre davantage. Si la dissolution est saturée par un sel, celui que l'on ajoute reste à l'état solide dans le liquide.

La plupart des corps se dissolvent en plus grande quantité à une température élevée qu'à une température basse.

On peut séparer un corps solide de sa dissolution par l'*évaporation*. Quand le liquide est vaporisable à l'air libre, il suffit d'abandonner la dissolution à elle-même; c'est ainsi qu'une dissolution d'eau et de sel dépose des cristaux de sel par l'évaporation de l'eau. C'est ce que l'on nomme *évaporation spontanée*.

Mais quand le liquide se vaporise très-lentement, on accélère l'évaporation par la chaleur. Le liquide maintenu à l'ébullition se transforme en vapeur, et par le refroidissement, le corps préalablement dissous se reconstitue le plus souvent sous forme de *cristaux*.

Pour obtenir de beaux cristaux, il faut que le refroidissement s'opère très-lentement, et que le liquide soit dans une immobilité absolue.

On doit laver vivement les cristaux ainsi obtenus, à l'eau distillée, pour les débarrasser de l'eau mère dont on les a extraits. On les recueille sur du papier buvard, et on les fait sécher dans un four, ou sur une brique préalablement chauffée.

Certains cristaux étant très-solubles dans l'eau, on doit employer d'autres liquides, pour les débarrasser des eaux mères.

Pour purifier certains corps, on les fait dissoudre ; on filtre la dissolution et on la fait évaporer soit à l'air libre, soit à la chaleur.

On peut encore séparer un corps de sa dissolution par la *précipitation* et l'*affinité chimique* (voir plus loin). Mais alors le corps change parfois de nature. C'est ainsi que l'on retire l'argent des bains d'azotate, en le transformant en chlorure d'argent, corps qui, étant insoluble dans l'eau, se tient en suspension dans le liquide, et en vertu de sa pesanteur se précipite bientôt au fond du vase.

Le précipité doit être lavé pour le débarrasser de l'eau mère. Pour cela, lorsqu'il est réuni au fond du vase, on incline doucement celui-ci et l'on rejette le plus possible du liquide qui surnage, en évitant tout mouvement brusque [1]. C'est ce que l'on nomme *décantage*.

On remet une nouvelle quantité d'eau filtrée, on agite avec une baguette de verre, puis on laisse reposer, pour décanter de nouveau. On répète cette opération plusieurs fois, en employant en dernier lieu de l'eau distillée. On se débarrasse de la dernière eau de lavage en filtrant, puis on fait sécher le précipité, comme nous l'avons dit pour les cristaux.

Sous le rapport chimique, les corps se divisent en *corps simples* et *corps composés*.

On nomme corps simples ceux qui sont formés d'atomes homogènes, et corps composés ceux formés d'atomes hétérogènes. Deux corps simples, jouissant de propriétés différentes, peuvent s'unir suivant des

---

[1] On peut éviter d'incliner le vase, ce qui produit toujours un certain trouble dans le précipité, en employant le siphon représenté *fig.* 26 (page 212).

lois rigoureuses et dans des proportions déterminées, et former un troisième corps (composé) jouissant de nouvelles propriétés. C'est ce que l'on nomme *combinaison*.

Ainsi l'argent est inaltérable à la lumière, l'iode l'est également. Mais si nous unissons ces deux corps, nous en obtenons un nouveau : l'iodure d'argent, qui a la propriété d'être altérable à la lumière.

L'*affinité* est la force qui réunit les molécules simples constituant une molécule d'un corps composé. C'est en raison de cette force que les molécules des corps simples se combinent et forment des corps composés.

Les corps ont plus ou moins d'affinité l'un pour l'autre; aussi, quand on verse une dissolution de chlorure de sodium dans une solution d'azotate d'argent, il se forme une nouvelle combinaison chimique (précipité). L'argent et le chlore, ayant plus d'affinité l'un pour l'autre que pour l'azote et le sodium, abandonnent ces deux corps et, en se combinant, en forment un nouveau : le chlorure d'argent, qui a la propriété de noircir à la lumière.

Cette combinaison est la base de la préparation du papier pour les épreuves positives. Le chlorure d'argent, étant insoluble dans l'eau, ne saurait être mécaniquement combiné au papier ; on doit, pour arriver à ce résultat, produire le chlorure d'argent, par combinaison, sur le papier lui-même.

C'est dans ce but que l'on donne, comme nous l'avons vu, un premier bain d'eau salée (ou d'albumine contenant du sel) au papier positif. Par la capillarité, il retient dans ses pores une certaine quantité de chlorure de sodium qui se combine avec l'azotate d'argent, lors du second bain. Il se forme, à la surface du papier, par suite de l'affinité chimique, un chlorure d'argent impressionnable.

C'est encore par l'affinité chimique que l'on produit l'iodure d'argent sur la couche de collodion ou sur le papier négatif. Ce sel est excessivement sensible à la lumière, quoique la transformation qu'il subit, sous l'action des rayons lumineux, ne soit perceptible qu'après l'action de certains réactifs.

Mais l'iodure d'argent étant complétement insoluble dans l'eau, on doit aussi le produire par combinaison et dans la couche même de collodion.

C'est pour cela que l'on fait entrer un iodure dans la composition de celui-ci. Lors du passage du collodion ioduré au bain d'argent, il se produit une combinaison; l'iode et l'argent, ayant plus d'affinité l'un pour l'autre que pour l'ammoniaque et l'azote, se combinent et forment un iodure d'argent.

L'ammoniaque et l'azote se combinent aussi de leur côté et forment un azotate d'ammonium qui reste en dissolution dans le bain.

L'action de la lumière sur les corps n'a pas été jusqu'ici parfaitement expliquée, non plus que l'action des réactifs, qui rendent visible l'altération de la couche d'iodure d'argent impressionnée par les rayons lumineux. La discussion scientifique d'un phénomène sur lequel on n'est pas encore parvenu à se mettre d'accord, n'est pas de notre domaine; nous n'avons donc pas à relater ici les diverses hypothèses qui ont été émises à cet égard, et nous avons dû nous borner à constater les effets produits.

Après la venue de l'image sur la couche de collodion, sous l'action des bains développants, l'iodure d'argent non altéré se trouve encore dans la couche de collodion, et serait à la longue impressionné à la lumière; de plus, ce sel, ayant une certaine opacité, rendrait impossible l'obtention d'une bonne épreuve positive, qui exige une parfaite transparence du cliché, dans les parties non impressionnées par la lumière (les ombres). Il faut donc nécessairement se débarrasser de l'iodure d'argent non impressionné, et c'est la fonction du bain fixateur d'hyposulfite de soude.

La dissolution dans l'eau, de l'hyposulfite de soude, a la propriété de dissoudre l'iodure d'argent resté libre, ou plutôt de le transformer en hyposulfite double de soude et d'argent, corps soluble dans l'eau et dont on débarrasse le cliché par les derniers lavages. Le bain d'hyposulfite a très-peu d'action sur l'iodure d'argent, réduit par un réactif, après avoir été impressionné à la lumière.

VOCABULAIRE

DES

PRINCIPAUX CORPS EMPLOYÉS EN PHOTOGRAPHIE.

VOCABULAIRE

DES

PRINCIPAUX CORPS EMPLOYÉS EN PHOTOGRAPHIE.

Acide acétique.

Cet acide est un liquide incolore, possédant, au plus haut degré, l'odeur et la saveur du vinaigre.

On l'emploie, dans la photographie sur papier, pour faire, avec l'azotate d'argent, un bain sensibilisateur, dit *acéto-azotate d'argent*. L'acide acétique entre aussi dans la préparation du bain de fer (procédé au collodion), mais nous l'employons dans ce bain sous forme de vinaigre, qui n'est que de l'acide acétique étendu d'eau. Sa fonction dans ce bain est de retarder la venue de l'image dans les blancs vifs, ce qui permet de prolonger le contact pour laisser aux détails des ombres, le temps d'apparaître.

L'acide acétique cristallisable du commerce contient presque toujours des traces assez sensibles d'acide chlorhydrique et d'acide sulfureux, qui sont très-nuisibles aux opérations photographiques (négatifs sur papier). On remédie à cet inconvénient, en y ajoutant quelques gouttes d'une solution concentrée d'azotate d'argent : il se forme un précipité laiteux qui se dépose par le repos ; on se sert de la liqueur limpide pour les usages photographiques.

Acide azotique.

On emploie cet acide dans la préparation de l'azotate d'argent. C'est un liquide incolore, fumant à l'air, et très-corrosif. Il tache en jaune la peau et toutes les matières animales.

Ce produit se trouve à bas prix dans le commerce, mais il contient souvent des chlorures : si l'on s'en servait, en cet état, pour préparer l'azotate d'argent, ce sel contiendrait aussi des chlorures et ne donnerait que des dissolutions troubles.

Pour débarrasser l'acide azotique des chlorures, il suffit d'y ajouter un peu de solution d'azotate d'argent ; les chlorures se précipitent au fond du flacon, et l'on se sert alors du liquide reposé et décanté pour faire l'azotate d'argent.

Acide chlorhydrique.

Cet acide, à l'état de nature, est sous forme de gaz, mais on n'emploie guère que sa dissolution dans l'eau, et cette solution a toutes les propriétés du gaz.

On le trouve à très-bas prix dans le commerce sous le nom d'acide muriatique ou esprit de sel. On le prépare en grand dans les usines où se fabrique la soude, en traitant le sel marin par l'acide sulfurique. L'acide du commerce est en général coloré légèrement en jaune par du chlorure de fer, mais il n'en est pas moins suffisamment pur pour ses applications en photographie.

L'acide chlorhydrique mélangé à l'acide azotique produit l'eau régale, ainsi nommée, parce qu'elle dissout l'or, que l'on considère comme le roi des métaux. Seul, il est tout à fait sans action sur ce métal. C'est en attaquant l'or par l'eau régale, que l'on obtient le chlorure d'or, qui sert en photographie à faire virer les épreuves sur papier.

Acide gallique.

Cet acide, qui s'extrait de la noix de galle, cristallise en aiguilles fines, blanches ou jaunâtres. On utilise, en photographie, la propriété de sa dissolution de réduire le chlorure d'argent impressionné par la lumière.

L'eau froide en dissout 1 pour 100, tandis que l'eau bouillante en dissout trois fois plus.

On trouve ce sel suffisamment pur dans le commerce; pour le préparer, on mélange 1 partie de noix de galle en poudre grossière avec 5 parties d'eau, dans un vase que l'on maintient pendant un ou deux mois à une température de 20 à 25°, en y ajoutant de temps en temps assez d'eau pour empêcher le mélange de se dessécher. Au bout de ce temps, on fait évaporer jusqu'à siccité, et on traite le résidu par l'alcool bouillant. L'acide gallique se dissout et se dépose, par le refroidissement, sous forme de cristaux en aiguilles.

En faisant cristalliser une seconde fois, on obtient l'acide gallique suffisamment pur.

Acide sulfurique.

L'acide sulfurique, ordinaire ou huile de vitriol, est un liquide incolore, inodore, d'une consistance oléagineuse; il produit à l'air d'abondantes vapeurs et il attaque et détruit la plupart des matières organiques.

En contact avec la peau, il produit, après un certain temps, une sensation de brûlure. Lorsque l'on se trouve atteint par l'acide sulfurique, on doit l'essuyer vivement et laver ensuite la partie mouillée. L'acide, en contact avec l'eau, produit une vive chaleur, et par conséquent on éprouverait une sensation douloureuse, si l'on se lavait à l'eau, sans s'être préalablement essuyé.

La chaleur qui se développe est due à une contraction que subit le mélange; en effet, 50 parties en volume d'acide ajoutées à 50 parties en volume d'eau donnent un mélange dont le volume n'est pas de 100, mais seulement de 97.

En raison de la chaleur dégagée par le mélange, on ne doit jamais verser de l'eau dans l'acide sulfurique, mais au contraire verser l'acide dans l'eau, par petites portions, pour éviter la projection du liquide et la rupture du vase dans lequel on opère le mélange.

On se sert de cet acide dans la préparation du coton-poudre. Celui du commerce, qui marque 66°, est excellent pour cet usage.

Quelques personnes l'emploient aussi en petites doses dans la formule du bain de fer développant (procédé au collodion).

Albumine.

L'albumine est un composé organique très-complexe qui se trouve dans un grand nombre de substances. En photographie, on n'emploie que celle qui provient des œufs de poule dont on enlève le jaune et le germe. L'albumine des œufs est renfermée dans une infinité de petites membranes cellulaires; c'est pour l'en retirer que l'on bat le blanc d'œuf en neige et que l'on laisse reposer.

L'albumine est soluble dans l'eau, à la température ordinaire; mais si la dissolution est chauffée à 65°, l'albumine se coagule, devient solide et tout à fait insoluble.

On utilise cette propriété dans la préparation des papiers positifs. L'emploi du fer chaud a pour but de coaguler l'albumine pour la rendre insoluble dans les bains suivants. L'albumine devient aussi insoluble sous l'action de la plupart des acides; c'est grâce à cette propriété que l'on a pu appliquer l'albumine aux épreuves sur verre.

L'albumine abandonnée à elle-même, à la température ordinaire, entre en putréfaction et devient impropre aux opérations photographiques. M. Humbert de Molard assure qu'en y ajoutant 1 p. 100 d'ammoniaque liquide, on en assure la conservation d'une manière indéfinie.

Alcool.

L'alcool est un liquide incolore plus fluide que l'eau, et moins fluide que l'éther, s'enflammant et brûlant à l'air avec la plus grande facilité. Pour être propre à être employé en photographie, il doit avoir une odeur agréable et un très-bon goût ; on devra donc rejeter celui qui aurait une odeur de vernis ou une couleur quelconque.

Un bon alcool, versé dans l'eau, ne doit pas la troubler ; si l'on en verse quelques gouttes dans un vase bien propre, il doit s'évaporer rapidement sans laisser de résidu.

On emploie, en photographie, l'alcool à 40°. Si l'on doutait de sa pureté, on ferait bien de le rectifier avec l'appareil que nous décrirons au mot *Éther*.

L'alcool entre dans le collodion pour faire dissoudre le coton-poudre ; s'il en entrait une trop grande quantité, la couche de collodion n'adhérerait plus suffisamment à la glace.

Azotate d'argent.

On trouve ce sel dans le commerce, soit cristallisé en belles lames transparentes, soit fondu et coulé dans de petites lingotières. Dans ces deux états, il est soluble dans l'eau et propre à être employé en photographie.

L'azotate d'argent fondu contient moins d'eau que l'azotate cristallisable, aussi, si on l'employait, on devrait diminuer un peu le dosage de ce sel dans la préparation des bains dont nous avons donné les formules.

L'azotate d'argent fondu du commerce est souvent falsifié par l'addition de l'azotate de potasse (salpêtre); on le reconnaît quand la cassure en est granuleuse au lieu d'être cristalline.

Ce produit est un des plus importants en photographie. Combiné avec le chlorure de sodium, il forme le chlorure d'argent qui noircit à la lumière (épreuves positives sur papier); combiné avec un iodure, il forme un iodure d'argent qui, impressionné par la lumière, noircit sous l'action réductrice d'un bain de fer ou d'acide gallique (épreuves sur collodion).

La préparation de l'azotate d'argent est assez facile, si l'on a quelque habitude des manipulations chimiques ; on place dans une capsule 50 grammes d'argent, soit pur, soit provenant des résidus photographiques, soit monétaire ; on y ajoute 50 grammes d'eau et la même quantité d'acide azotique pur. L'argent est attaqué par l'acide ; on peut hâter la dissolution en chauffant légèrement la capsule, mais alors il est bon de la placer sous le manteau d'une cheminée et de la recouvrir d'un

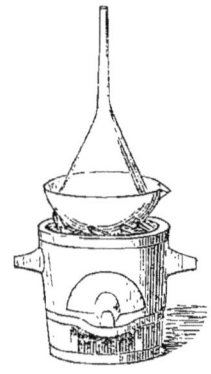

Fig. 25.

entonnoir renversé pour conduire au dehors les vapeurs qui se dégagent et pour éviter les projections de liquide, pendant l'ébullition.

L'argent se dissout promptement, en dégageant des vapeurs rousses. Si ces vapeurs cessaient avant la dissolution complète du métal, on ajouterait une nouvelle quantité d'acide azotique additionné d'eau, que l'on verserait par le bec de la capsule sans enlever l'entonnoir.

L'argent étant dissous, on continue à chauffer doucement la capsule pour évaporer tout le liquide à sec, on aura soin de placer les charbons autour de la capsule pour qu'elle s'échauffe également partout. Le liquide bout et dégage des vapeurs blanches qu'il faut éviter de respirer.

Quand il ne reste plus dans la capsule qu'une substance vert sale, on active le feu pour la faire fondre, et elle se transforme bientôt en un liquide noir, en dégageant de nouvelles vapeurs. Dans cet état, l'azotate de cuivre est décomposé et devenu insoluble ; on peut alors, soit couler le liquide sur un marbre, soit le laisser refroidir dans la capsule.

Pour débarrasser le sel de l'oxyde de cuivre qu'il contient, on le dissout dans le double de son poids d'eau distillée, au moyen d'une douce chaleur, et l'on filtre la dissolution ; l'oxyde de cuivre insoluble reste dans le filtre.

Si l'on abandonne à l'air libre la dissolution, l'eau s'évapore et il ne reste plus dans la capsule que l'azotate d'argent cristallisé.

Si l'on fait évaporer à la chaleur, en poussant le feu jusqu'à la fusion du sel, on obtient l'azotate d'argent fondu.

Azotate de potasse.

Ce sel, que l'on nomme aussi salpêtre, est blanc, cassant, soluble dans l'eau, d'une saveur piquante, fraîche et amère. Inaltérable à l'air sec, il se liquéfie à l'air humide ; on doit donc le conserver dans des fioles soigneusement bouchées.

On le trouve dans le commerce à bas prix et suffisamment pur pour son emploi dans la préparation du coton-poudre. L'azotate de potasse se produit, dans les bains d'argent, par double échange, quand on y plonge des préparations à l'iodure ou au bromure de potassium. Il y existe en quantité d'autant plus considérable que les bains ont servi plus longtemps et se sont appauvris davantage en argent.

Benzine.

Liquide incolore, volatil sans résidu, inflammable, d'une odeur pénétrante, extrait de la houille.

C'est un dissolvant énergique des corps gras et des résines. Nous avons vu que M. Niepce de Saint-Victor l'emploie dans la composition de son vernis. Il conseille, pour la dessécher, d'y ajouter quelques cristaux de chlorure de calcium; l'eau se réunit au fond du flacon, et l'on sépare la benzine anhydre par décantation.

Bichlorure de mercure.

Sel vénéneux, composé de mercure et de chlore; il est blanc, composé d'aiguilles satinées, soluble dans l'eau, et volatil sans résidu par l'action de la chaleur.

Le bichlorure de mercure est employé en dissolution aqueuse pour renforcer les images négatives sur collodion.

Bitume de Judée (asphalte).

On vend sous ce nom, dans le commerce, une foule de matières de composition variable; il est malheureusement difficile, pour ne pas dire impossible, d'en obtenir de pur.

C'est une substance noire, à fractures vitreuses, insoluble dans l'eau, mais soluble dans toutes les huiles essentielles. Le bitume possède une certaine sensibilité à la lumière, et nous avons vu que c'est à l'aide de ce corps que Niepce est parvenu le premier à fixer les images de la chambre noire.

Impressionné à la lumière, il devient insoluble à la benzine mitigée par l'huile de naphte, et soluble à l'alcool étendu d'eau. Non impressionné, au contraire, il est soluble à la benzine et insoluble à l'alcool.

Cette propriété est utilisée dans la gravure photographique et dans la lithophotographie.

Chlorure d'or.

Le chlorure d'or est un sel rouge brun, soluble dans l'eau, dans l'alcool et dans l'éther; il est très-déliquescent, aussi faut-il avoir soin, pour le conserver, de le renfermer dans des flacons bouchant parfaitement bien et cachetés à la cire.

Le chlorure d'or du commerce est ordinairement pur, mais il est parfois falsifié par addition d'une petite quantité de chlorure de sodium. Cette falsification peut se reconnaître facilement; on chauffe fortement un peu du chlorure à essayer, dans une petite capsule de porcelaine, on verse dans cette capsule refroidie quelques gouttes d'eau distillée bien pure, on chauffe légèrement pour aider la dissolution. Cette eau évaporée sur une lame de platine ne doit pas laisser de résidu; mélangée avec une goutte d'azotate d'argent, elle ne doit pas donner de précipité.

La dissolution de chlorure d'or est employée pour faire virer les épreuves sur papier, c'est-à-dire pour transformer en violet foncé le ton rougeâtre qu'elles ont au sortir de l'hyposulfite.

On peut préparer le bain de chlorure d'or en attaquant, dans un petit ballon de verre, 1 gramme d'or laminé en ruban mince, par un mélange de 25 grammes d'acide chlorhydrique et de 6 grammes d'acide azotique (eau régale); après la dissolution on étend la liqueur d'un litre et demi d'eau distillée. En ajoutant 5 grammes d'hyposulfite de soude, on a de suite un bon bain de virage.

Chlorure de platine.

On a proposé ce sel, pour remplacer le chlorure d'or, dans le bain de virage des épreuves positives sur papier ; on obtient ainsi des tons très-noirs dans les ombres, et les demi-teintes prennent une couleur rosée dont l'effet est très-artistique.

On trouve ce sel dans le commerce à un état de pureté suffisant. Quant à sa préparation, elle est des plus simples.

On dissout le platine dans l'eau régale composée de 3 parties d'acide chlorhydrique, et de 1 partie d'acide azotique. Lorsque le métal est dissous, on évapore cette solution à sec, mais à un feu très-doux, pour ne pas décomposer le produit, que l'on doit conserver dans un flacon bien bouché, parce qu'il attire l'humidité de l'air.

Chlorure de sodium.

C'est le nom scientifique du sel commun ou sel de cuisine. On l'extrait de l'eau de la mer, par évaporation ; il existe aussi, en couches profondes, dans l'intérieur de la terre.

Le sel commun contient souvent des sels magnésiens, aussi absorbe-t-il l'humidité de l'atmosphère; on doit tenir compte de cette absorption dans les dosages.

Nous avons vu que l'on donne aux papiers positifs un premier bain de sel; par le second bain d'azotate d'argent, il se forme un chlorure d'argent qui a la propriété de noircir à la lumière.

La dissolution de ce sel dans l'eau, versée dans une solution d'azotate d'argent, produit un précipité de chlorure d'argent; nous avons vu que l'on utilise cette propriété pour retirer l'argent des vieux bains et des eaux qui en contiennent.

Nous avons conseillé de tremper les mains dans une dissolution de sel, avant de se servir des bains d'argent. Les taches qui proviennent des manipulations sont alors formées par le chlorure d'argent et s'enlèvent plus facilement que celles d'azotate.

Coton-poudre.

Le coton-poudre, que l'on appelle aussi fulmi-coton, coton azotique, pyroxile, ne diffère en rien, quant à la forme et à la couleur, du coton ordinaire. Il est insoluble dans l'eau, dans l'alcool et dans l'éther, mais il est soluble dans un mélange de ces deux derniers corps. Le coton-poudre s'obtient, en traitant le coton ordinaire par l'acide sulfurique et l'azotate de potasse.

Le coton-poudre du commerce est excessivement variable, comme solubilité et comme composition chimique. Ce produit étant de la plus grande importance, tous les photographes recommandent de le préparer soi-même pour être assuré de l'avoir toujours identique.

On met dans une éprouvette de grandeur convenable :

>Acide sulfurique à 60°.......... 200 gr.
>Azotate de potasse pulvérisé...... 100

Le mélange s'échauffe et peut parfois fendre l'éprouvette; on devra, par précaution, la placer dans une assiette pour recueillir le liquide, si cet accident se produisait.

On agite avec une baguette de verre; quand le mélange est bien complet, on le laisse refroidir et on y plonge, par très-petites parties et en ayant soin d'agiter chaque fois, 5 grammes de coton bien propre et bien cardé [1]. On le presse dans le

---

[1] Il serait bon de laver préalablement le coton à l'eau distillée et de le sécher à l'étuve.

liquide avec la baguette, pour en chasser l'air interposé entre ses fibres, et on couvre l'éprouvette d'un verre pour éviter de respirer les vapeurs qui se dégagent.

Après quinze minutes de contact, on verse le contenu de l'éprouvette dans une grande terrine d'eau et on l'agite avec une baguette, pour enlever l'excès d'acide, on change l'eau et l'on peut alors manier sans danger le coton avec les mains ; on le porte sous le robinet d'une fontaine, en l'exprimant à plusieurs reprises, enfin, en dernier lieu, on le plonge, pendant quelques instants, dans de l'eau distillée, presque bouillante. On ne doit considérer le coton comme suffisamment lavé, que lorsque la dernière eau de lavage ne contient plus de traces d'acides (voir *Tournesol*).

Après avoir exprimé une dernière fois le coton entre deux feuilles de papier de soie, on en étend les fibres et on le laisse sécher à l'abri de la poussière.

Il est entendu qu'il faut se garder de sécher le coton au feu, car il s'enflamme spontanément quand il atteint la température de 140 degrés.

Cyanure de potassium.

Ce sel est un des poisons les plus énergiques que l'on connaisse, il doit donc être manié avec les plus grandes précautions.

Le cyanure de potassium du commerce est rarement pur; il contient presque toujours du carbonate de potasse, mais il est rare que cette addition nuise sérieusement aux opérations.

La dissolution de ce sel dans l'eau est un excellent fixateur, pour les épreuves sur collodion; mais on peut le remplacer par l'hyposulfite de soude, qui, s'il est moins énergique, est aussi moins dangereux.

Le cyanure de potassium, dissous dans l'eau, ne se conserve pas et ne tarde pas à se décomposer en acide prussique et potasse; on ne doit donc préparer cette dissolution que peu de temps avant de s'en servir.

Les photographes ont l'habitude de se débarrasser les mains des taches d'argent, en les frottant avec un morceau de ce sel imbibé d'eau. Il faut bien se garder d'employer ce moyen, si l'on a quelques coupures, car ce poison agit par absorption et il peut en résulter les plus graves accidents. En tous cas, on doit se laver à grande eau après l'emploi du cyanure de potassium, sous quelque forme que ce soit.

Eau.

L'eau, telle que la nature nous la présente, n'est jamais chimiquement pure. Les substances étrangères, qu'elle porte en suspension, ou qui y sont dissoutes, la rendent souvent impropre à certaines opérations photographiques.

Par la distillation, on obtient l'eau chimiquement pure ; on l'emploie, dans cet état, principalement pour les bains d'argent, d'iodure de potassium et d'acide gallique. L'azotate d'argent s'y dissout sans la troubler, tandis que l'eau ordinaire, qui contient toujours des chlorures, devient laiteuse quand on y dissout ce sel.

Pour la préparation des bains de fer, d'hyposulfite de soude, etc., on peut se contenter de l'eau filtrée. L'eau de pluie, recueillie directement ou après un temps suffisant pour que les toits soient bien lavés, peut remplacer sans trop de désavantage l'eau distillée.

A défaut d'eau distillée et d'eau de pluie on peut

encore employer l'eau ordinaire en y faisant dissoudre 1 gramme d'azotate d'argent pour 1 litre d'eau et filtrant le liquide.

Éther sulfurique.

L'éther est un liquide très-fluide, se vaporisant avec la plus grande facilité, d'une odeur suave et beaucoup plus léger que l'eau. La vapeur d'éther est excessivement lourde, elle coule comme de l'eau et s'enflamme facilement; aussi ne saurait-on trop recommander de ne pas transvaser ce liquide à la lumière.

L'éther du commerce contient souvent une assez forte proportion d'alcool et d'eau. On reconnaît facilement l'alcool, en agitant l'éther dans un petit tube avec une quantité d'eau connue, et laissant le mélange se séparer, par le repos, en deux couches. S'il n'y a pas d'alcool, le volume de l'eau doit augmenter très-peu; il augmenterait d'autant plus que l'éther contiendrait plus d'alcool.

On reconnaît la présence de l'eau, en mettant, dans le flacon qui contient l'éther, quelques cristaux de chlorure de calcium desséché. Ce sel se dissout en quantité d'autant plus appréciable que la quantité d'eau est plus considérable.

On emploie, en photographie, l'éther rectifié à 66° du commerce, mais il est rarement assez pur et concentré, aussi M. Monckoven recommande de le rectifier soi-même, et il décrit ainsi cette opération : « Dans un flacon de 2 litres et demi, on verse 1 litre d'éther et 1 litre d'eau. On agite fortement le flacon, puis on laisse reposer. Au bout de quelques minutes, l'eau se réunit dans la partie inférieure du flacon et l'éther à la partie supérieure (*fig.* 26). On enfonce alors le siphon A dans

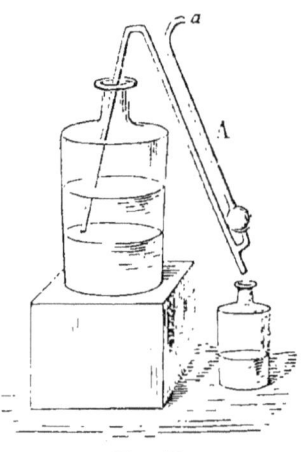

Fig. 26.

le liquide, de manière à ce qu'il plonge toujours dans l'éther parce qu'il faut éviter de soutirer l'eau.

« La branche la plus courte du siphon plongeant dans le liquide, et la branche la plus longue étant fermée avec le doigt, on aspire en *a* le liquide jusqu'à ce qu'il arrive dans la boule, après quoi on ôte le doigt. L'éther coule par la grande branche et on le recueille dans un second flacon; on le remplit au tiers de chlorure de calcium [1], ou de chaux vive, et après deux jours de contact on le distille.

« La figure 27 représente l'appareil que l'on emploie. A, cylindre de zinc de 30 centimètres de dia-

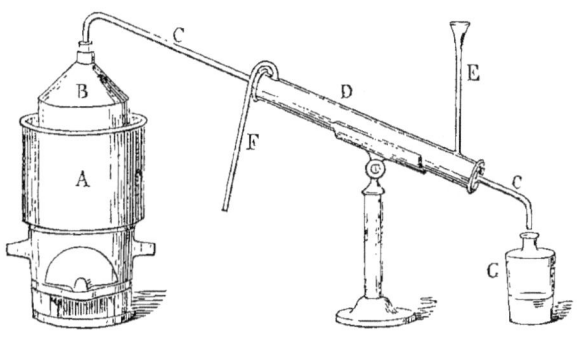

Fig. 27.

mètre et de 30 de hauteur. Le fond est bien soudé et un peu épais.

---

[1] Il est bon d'y mélanger un peu de carbonate de potasse, ou de potasse caustique.

« B est un vase de même hauteur, mais moins large de 5 centimètres, il est soudé dans le cylindre A de façon à pouvoir être entouré d'eau.

« Le vase B se ferme par un bouchon traversé par un tube de plomb C.

« D est un appareil réfrigérant ; c'est un tube de 5 centimètres de diamètre, soudé sur celui en étain ; il porte un tube à entonnoir E et un tube d'écoulement F. L'eau froide versée par le tube E traverse tout l'appareil, en abaissant la température, et s'écoule au dehors par le tube F.

« Voici maintenant la manière de se servir de cet appareil : On place de l'eau dans le vase extérieur A, on jette des morceaux de chaux vive dans le vase B jusqu'à le remplir à moitié, puis enfin de l'éther. Après vingt-quatre heures de contact, on peut distiller ; pour cela on lute le bouchon, on s'assure, en soufflant par l'extrémité du tube, que l'appareil est bien clos, on allume le feu ; l'eau s'échauffe, fait entrer l'éther en ébullition, ce qui s'annonce par des gouttes qui s'écoulent en G où l'on place un flacon ; on laisse alors entrer lentement l'eau en E, de manière à ce qu'elle sorte tiède en F. Le premier cinquième d'éther recueilli en G, et le dernier obtenu à la fin de la distillation, sont remis dans le flacon à eau (*fig.* 26), qui peut ainsi servir à une série de rectifications successives.

« La rectification de l'éther brut doit toujours se faire sur plusieurs litres de liquide, et, quand on veut un produit très-pur, elle ne donne que la moitié du volume de l'éther brut à 60° plus un quart en éther ordinaire. »

Gélatine.

La gélatine est une substance animale, incolore, sans odeur ni saveur, transparente et plus légère que l'eau. Elle gonfle dans l'eau froide, mais elle ne se dissout que dans l'eau bouillante; elle se solidifie et devient très-dure par le refroidissement.

On la prépare, soit avec des rognures de peaux, soit avec des os concassés dont on a primitivement extrait les parties grasses par l'eau bouillante, et la partie calcaire par l'acide chlorhydrique. Ces matières animales sont chauffées dans de grandes chaudières avec de l'eau qui se charge de gélatine; on obtient par le refroidissement une gelée qu'on coupe par tranches et qu'on fait sécher sur des filets.

La gélatine mêlée au bichromate de potasse et étendue en couche mince devient insoluble et perd la propriété de se gonfler à l'eau, quand elle a subi l'action des rayons lumineux; nous avons vu que cette propriété a été utilisée par M. Talbot pour la gravure photographique, et par MM. Poitevin, Brébisson et autres, pour les épreuves inaltérables au charbon.

La gélatine a aussi été indiquée dans la préparation des papiers positifs et négatifs pour obtenir plus de finesse.

Les papiers anglais qui sont collés à la gélatine donnent le plus souvent une coloration rouge.

Les épreuves sur papier salé ne donnent souvent que des images ternes, grises et sans vigueur; on peut remédier à cet inconvénient en faisant dissoudre à la chaleur 5 p. 100 de gélatine dans le bain de chlorure de sodium.

Hyposulfite de soude.

Ce sel, que l'on trouve pur dans le commerce, cristallise en gros cristaux incolores et transparents; il doit se dissoudre dans de l'eau distillée sans résidu ni trouble.

Ce sel est le meilleur fixateur connu des images photographiques, à cause de la propriété qu'il possède de dissoudre les iodures, les brômures et les cyanures d'argent qui n'ont pas été altérés à la lumière. Il n'attaque que très-lentement les sels d'argent noircis ou l'argent métallique.

Pour le préparer, on met, dans une cornue en verre, de la poudre de charbon; on y ajoute de l'acide sulfurique à 66°, en quantité rigoureusement suffisante pour mouiller le charbon, sans aller au delà, et l'on fait chauffer. On conduit le gaz, qui se développe, dans une solution de carbonate de soude, qui se transforme peu à peu en sulfite de soude. Lorsque cette solution de sulfite est devenue neutre, on la fait bouillir avec du soufre en poudre dans une capsule de porcelaine et non de métal. Le soufre, en se combinant avec le sulfite de soude, se change en hyposulfite de la même base. En faisant évaporer, on obtient l'hyposulfite de soude en forme de cristaux.

Iodure d'ammonium.

L'iodure d'ammonium est un sel blanc, légèrement jaunâtre, facilement décomposable, ce qui lui fait prendre, en vieillissant, une teinte rouge due à ce qu'une partie de l'iode est mise en liberté. On doit donc conserver ce sel dans des flacons parfaitement bouchés.

L'iodure d'ammonium entre dans la formule du collodion, pour produire, sous l'action du bain d'argent, l'iodure d'argent sensible à la lumière.

Pour le préparer, on met 25 grammes d'iode dans un ballon en verre, et l'on y verse 100 grammes d'eau. Ensuite on verse dans le ballon, par petites portions, du sulfhydrate d'ammoniaque, en agitant chaque fois, et ce, jusqu'à ce que l'iode ait disparu, ce qui a lieu en quelques secondes. Le ballon est alors chauffé à la lampe à alcool et le liquide est maintenu en ébullition, pendant cinq ou six minutes. On laisse refroidir, on filtre dans une capsule de porcelaine, puis on évapore doucement sur une lampe. Quand le liquide commence à s'épaissir, on le place dans une étuve bien chauffée où il devient solide. Dès que la capsule est froide, on ôte la substance avec un couteau et on la conserve dans un flacon bien bouché.

Le produit obtenu ainsi est chimiquement pur.

Iodure de potassium.

L'iodure de potassium est un sel blanc, cristallisé en gros cubes, très-soluble dans l'eau, moins soluble dans l'alcool. Il attire fortement l'humidité de l'atmosphère et doit par conséquent être conservé dans des flacons bien bouchés.

L'iodure de potassium entre dans la préparation des papiers négatifs, où il a pour but de former, par sa combinaison avec l'azotate d'argent, un iodure d'argent insoluble et impressionnable.

On prépare ordinairement ce sel, en faisant dissoudre de l'iode dans une solution de potasse caustique, jusqu'à ce que le mélange commence à se colorer en brun. On fait ensuite évaporer et fondre, à la chaleur rouge, le résidu, après y avoir ajouté un peu de poussière de charbon, qui réduit à l'état d'iodure, l'iodate de potasse obtenu. On reprend la masse par l'eau et, par l'évaporation, on obtient l'iodure de potassium cristallisé.

Kaolin.

Le kaolin est une argile très-blanche, qui sert à la fabrication de la porcelaine. Il est employé, en photographie, pour décolorer les bains salis par des matières organiques, tels que les bains d'argent, sur lesquels on a sensibilisé des papiers à l'albumine. Il se fait alors, entre la matière colorante et l'alumine de cette argile, une combinaison de la nature des laques.

Sulfate de fer.

Ce sel, que l'on nomme aussi vitriol vert ou couperose verte, est formé de cristaux d'un vert bleuâtre, solubles dans le double de leur poids d'eau.

La dissolution de ce sel sert à révéler les images sur collodion, en réduisant l'iodure d'argent impressionné par la lumière.

Le vitriol vert des marchands de couleurs, qui est à très-bas prix, donne d'excellents résultats, surtout quand il a déjà subi un commencement d'oxydation, ce que l'on reconnaît par des taches de rouille qui se trouvent sur quelques parties des cristaux.

Quoiqu'il soit plus avantageux d'acheter ce produit que de le faire, nous donnons la manière de le préparer :

On verse, dans 10 parties d'eau, 2 parties d'acide sulfurique, et l'on introduit dans le mélange de la limaille de fer en excès. On chauffe légèrement, et lorsque l'effervescence a cessé, on filtre le liquide et on le laisse cristalliser. On recueille les cristaux, que l'on lave rapidement, on les fait sécher et on les conserve dans des flacons non bouchés, jusqu'à ce qu'ils aient subi une légère oxydation. On doit alors fermer les flacons, pour arrêter les progrès de l'oxydation.

Tournesol (Papier de).

Ce papier, d'une couleur bleue, sert à reconnaître si certains bains, celui d'azotate d'argent par exemple, sont acides ou neutres. Quand une feuille de ce papier est plongée dans un acide, même très-faible, elle devient rouge; et, si ce papier, rougi par un acide, est trempé dans un alcali, il redevient bleu. On l'emploie aussi pour s'assurer si le coton-poudre est suffisamment lavé. En pressant le coton, encore humide, dans une feuille de papier bleu de tournesol, cette feuille ne doit pas changer de couleur.

Pour le préparer, on prend le tournesol en pains du commerce; on le pulvérise et on le délaye dans l'eau. Le papier est plongé dans cette solution, et prend la couleur bleue qui le caractérise.

Il est préférable d'acheter ce papier tout fait ; on le trouve à bas prix chez les marchands de produits chimiques.

APPENDICE.

ÉPREUVES AMPLIFIÉES ET MICROSCOPIQUES.

APPENDICE.

ÉPREUVES AMPLIFIÉES ET MICROSCOPIQUES.

Épreuves amplifiées.

Les portraits grandeur naturelle et les autres épreuves de grande dimension ne nécessitent pas, comme on pourrait le croire au premier abord, l'emploi de grands appareils; on les obtient, ainsi que nous allons l'expliquer, par le grandissement de clichés de dimensions ordinaires.

Tout cliché, destiné à être amplifié, doit réunir certaines conditions spéciales, et premièrement il doit avoir été produit par un objectif à long foyer; autrement on aurait des déformations dans l'image agrandie.

Dans le but d'augmenter la rapidité de leurs objectifs, la plupart des opticiens leur donnent de courts foyers ; c'est de là que viennent les déformations qui sont, en général, peu sensibles sur les petites épreuves, mais qui deviennent très-apparentes sur les images amplifiées.

Ainsi, si l'on grandit un portrait obtenu par un objectif à court foyer et par conséquent déformé, on aura une image d'une inexactitude révoltante; les parties qui avancent, le nez, les lèvres, le menton, sont grossis de façon à défigurer complétement le modèle.

Les clichés destinés à être amplifiés doivent donc être produits par un objectif à long foyer; ils doivent, en outre, être aussi transparents que possible, pour que les noirs de l'épreuve agrandie soient puissants. Les noirs doivent être vigoureux et laisser cependant passer assez facilement la lumière. En un mot, il ne faut pas que ces noirs soient assez intenses pour donner, dans le châssis positif, une épreuve dont les blancs soient purs.

Tout cliché, transparent dans les ombres, et donnant une épreuve grise dans le châssis, sera dans de bonnes conditions pour fournir une belle épreuve amplifiée.

Les clichés doivent encore être sur belle glace bien polie, sans raies ni bulles, enfin ils ne doivent pas être recouverts de vernis. Cette remarque est très-importante.

On peut obtenir des épreuves agrandies, soit en employant une image positive par transparence qui fournira une négative amplifiée, soit en employant une image négative pour produire une épreuve positive grandie.

L'image grandie peut être reçue sur collodion, sur albumine ou sur papier à l'iodure ou au chlorure d'argent.

On conçoit toutes les difficultés que l'on rencontre pour collodionner ou albuminer de très-grandes glaces, aussi la plupart des amateurs emploient-ils le papier, soit positif, soit négatif, comme étant beaucoup plus facile à manier.

Ainsi qu'on le comprendra facilement, d'après les explications que nous allons donner ci-après, les épreuves amplifiées ne peuvent être obtenues que par un beau temps et à l'aide du soleil.

Plusieurs appareils sont employés pour l'amplifi-

228 L'AMATEUR PHOTOGRAPHE.

cation. M. Arthur Chevalier a bien voulu nous permettre de lui emprunter le sien, ainsi que la description suivante, puisée dans son ouvrage, qu'il a eu l'obligeance de mettre à notre disposition.

Mégascope réflecteur achromatique de M. Ch. Chevalier [1].

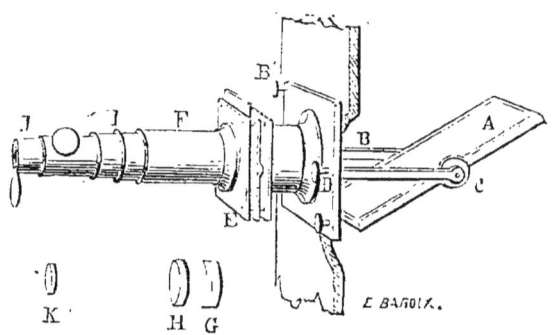

Fig. 28.

Pour opérer avec le mégascope, il faut nécessairement se placer dans une chambre, que l'on puisse facilement rendre complétement obscure, et qui ait environ 3 à 4 mètres de profondeur. Cette chambre restera éclairée seulement par une fenêtre exposée au midi, contre laquelle on devra installer l'instrument. On interceptera d'abord la lumière venant des carreaux du haut et on fera disposer des

[1] Perfectionné par M. Arthur Chevalier.

volets en bois épais, pour clore ceux du bas; ces volets seront mobiles sur des charnières, de façon à pouvoir laisser entrer la lumière à volonté. En enlevant ces volets, on les remplacera par des châssis vitrés, lorsqu'on aura terminé les expériences.

L'ouverture, que pourra laisser un des volets mobiles, servira à examiner la glace de l'appareil, lorsque le mégascope sera placé, afin de se rendre maître des mécomptes que donne le soleil; elle servira aussi à examiner la position de ce dernier. L'autre volet sera percé d'une ouverture circulaire, capable de laisser passer la glace de l'instrument.

Le mégascope se compose de deux parties distinctes, le miroir ou réflecteur et l'appareil optique (*fig.* 28).

Le miroir ou réflecteur A est tenu par les pièces B, à un large plateau en cuivre qui se fixe au volet à l'aide de deux boutons B'. Un engrenage circulaire C et un pignon de rencontre communiquant aux deux boutons D, permettent à ces derniers de donner au miroir toutes les inclinaisons, et par conséquent, d'amener l'image du soleil dans l'axe de l'appareil.

Le cliché est placé entre les deux plaques E, qui peuvent s'écarter, en pressant sur l'une d'elles. Les plaques étant réunies par des ressorts héliçoïdes, il s'ensuit que le cliché se trouve maintenu de telle sorte qu'il ne peut se déplacer.

La face impressionnée du cliché sera placée du côté des lentilles; on pourra le mettre dans un cadre en bois mince, ou simplement coller sur les bords de l'épreuve des lames de carton mince et d'égale épaisseur.

Immédiatement après le cliché, se trouvent, dans le premier tube F, deux lentilles G, H, puis les tubes I pouvant se mouvoir à frottement comme les tubes d'une longue-vue, puis enfin le dernier tube J qui se meut à l'aide d'un engrenage et porte à son extrémité la petite lentille K, et un obturateur.

Afin de s'assurer de la position du cliché, on fait arriver de la lumière diffuse dans l'appareil, au moyen du miroir, puis, en plaçant l'œil au bout du tube J, on examine si le cliché est droit; dans le cas contraire on le place convenablement. Tout étant ainsi disposé, on amène la lumière solaire dans l'appareil. On remarque sur le verre antérieur une petite image laiteuse du cliché, fournie par les autres verres. Cette tache sert à connaître si la lumière solaire est bien dans l'axe de l'instrument; en faisant jouer les deux boutons D, on la ramène, s'il y a lieu. Si la pose doit être longue, il faut avoir soin de prendre cette précaution.

Pour recevoir l'image amplifiée, on se sert d'un coffre analogue à celui de la chambre noire et ouvert des deux côtés. Le côté qui fait face à l'appareil reste nécessairement ouvert; de l'autre, on place un cadre contenant une feuille de carte bristol bien tendue, qui sert pour la mise au point et qui, au moment de l'opération, est remplacée par la feuille sensible étendue sur une glace dépolie, fixée dans un cadre. Le coffre se place sur un pied analogue à ceux dits *d'atelier*, pouvant se hausser ou se baisser à volonté.

On met au point, en faisant fonctionner les tubes I qui éloignent ou rapprochent la petite lentille des grandes, et on termine à l'aide de l'engrenage du tube J.

Toutes les opérations ultérieures sont les mêmes que pour les épreuves ordinaires; nous renvoyons donc à ce que nous avons dit page 91, pour les manipulations nécessaires à l'obtention des négatifs sur papier.

Épreuves microscopiques.

Tout le monde a admiré ces charmantes épreuves qui ne sont visibles que sous un fort grossissement, et qui permettent de réunir, dans le chaton d'une bague, le portrait de plusieurs personnages, ou de représenter sur un espace, plus petit que la tête d'une épingle, les vues les plus étendues et les scènes les plus compliquées.

On emploie indifféremment, pour obtenir les épreuves microscopiques, le collodion ou l'albumine; mais ces deux corps doivent être préparés avec le plus grand soin, et de plus être très-clairs pour donner une couche très-mince et homogène, sans réseau, stries ni bulles.

Les épreuves microscopiques sont positives par transparence, mais elles ne sont pas obtenues par l'interposition d'un cliché comme les épreuves stéréoscopiques. On met un cliché devant une fenêtre, de manière à le voir en transparence, et l'on place l'appareil à une distance convenable pour avoir une image aussi petite que possible. La mise au point doit nécessairement être faite à l'aide du microscope ou tout au moins d'une très-forte loupe, dont on se sert également pour surveiller l'épreuve dans le cours des manipulations.

Certains photographes opèrent au jugé. Ils développent et fixent l'image sans la voir, et ils n'emploient le microscope que pour apprécier le résultat. Une première épreuve apprend s'il y a quelque chose à changer dans le temps d'exposition.

On conçoit que les glaces doivent être aussi minces et aussi belles que possible ; enfin on prendra toutes les précautions nécessaires pour éviter la moindre trace de poussière.

FIN.

TABLE DES MATIÈRES

TABLE DES MATIÈRES

	Pages.
Préface....................................	vii
Chapitre I. — Organisation d'un atelier..........	3
Chapitre II. — Matériel photographique..........	9
Chapitre III. — Manipulations préparatoires......	23
Chapitre IV. — Emploi du collodion.............	37
Chapitre V. — Épreuves positives sur papier.....	63
Chapitre VI. — Utilisation des résidus...........	85
Chapitre VII. — Épreuves négatives sur papier....	91
Chapitre VIII. — Épreuves négatives et positives sur glaces albuminées......................	107
Chapitre IX. — Collodion albuminé.............	119
Chapitre X. — Épreuves stéréoscopiques.........	125
Chapitre XI. — Matériel pour opérer au dehors sur collodion humide.......................	131
Chapitre XII. — Épreuves inaltérables au charbon.	139
Chapitre XIII. — Gravure photographique (héliographie).................................	147

TABLE DES MATIÈRES.

	Pages.
CHAPITRE XIV. — Photographie sur pierre (litho-photographie)	165
ABRÉGÉ DE CHIMIE PHOTOGRAPHIQUE	181
CHAPITRE XV. — Photographie sur bois	173
VOCABULAIRE DES PRINCIPAUX CORPS EMPLOYÉS EN PHOTOGRAPHIE	191
APPENDICE. — Épreuves amplifiées (portraits grandeur naturelle). Épreuves microscopiques	225

FIN DE LA TABLE.

Corbeil, imprimerie de Crété.

CORBEIL, typographie et stéréotypie de CRÉTÉ.